新媒体时代职业院校
文化育人策略与创新实践

邓　荣　著

中国商业出版社

图书在版编目(CIP)数据

新媒体时代职业院校文化育人策略与创新实践 / 邓荣著. -- 北京 ：中国商业出版社，2025. 2. -- ISBN 978-7-5208-3315-8

Ⅰ. G718.5

中国国家版本馆 CIP 数据核字第 2025V8P421 号

责任编辑：管明林

中国商业出版社出版发行

（www.zgsycb.com　100053　北京广安门内报国寺 1 号）

总编室：010－63180647　编辑室：010－83114579

发行部：010－83120835/8286

新华书店经销

天津和萱印刷有限公司印刷

*

787 毫米×1092 毫米　16 开　8.25 印张　144 千字

2025 年 2 月第 1 版　2025 年 2 月第 1 次印刷

定价：45.00 元

* * * *

（如有印装质量问题可更换）

前　言

在信息技术迅猛发展的新媒体时代，社会各领域都经历着前所未有的变革，尤其是教育领域。职业院校作为培养技术技能人才的重要基地，其教育模式和育人策略面临着新的挑战与机遇。新媒体技术的广泛应用，不仅改变了传统的教学方式，还为文化育人提供了丰富的资源与平台。如何在这一背景下充分发挥新媒体的优势，提升职业院校的文化育人效果，成为亟待研究和实践的重要课题。

本书从新媒体时代职业院校文化育人理念创新入手，先阐述了新媒体时代下职业院校文化育人载体夯筑，然后分析了新媒体时代下职业院校文化育人融合策略、新媒体时代下职业院校文化育人模式创新，最后深入探讨了新媒体时代下职业院校文化育人活动设计。希望本书的出版，能够为读者提供新媒体时代下职业院校文化育人策略与创新实践方面的帮助。

在写作本书过程中，笔者参考了部分相关文献、资料，获益良多，在此谨向其作者表示衷心的感谢！

由于笔者水平有限，部分问题的研究还待进一步深化、细化，书中难免存在一些不足，敬请广大读者批评指正。

邓　荣

2024 年 11 月

目　录

第一章　新媒体时代职业院校文化育人理念创新

第一节　新媒体时代的基本特征

一、数字化信息传播的迅捷性

（一）信息传递速度

在新媒体时代，信息传递速度的提升为职业院校文化育人的创新提供了前所未有的机遇。新媒体平台上信息更新的频率极高，使得职业院校能够及时获取最新的教育政策和行业动态。这种信息传递的迅捷性不仅提高了教育管理的效率，还帮助院校在快速变化的环境中保持竞争力。例如，当新的教育政策出台时，职业院校可以立即调整课程设置和教学策略，以符合政策要求和市场需求。

信息传递的即时性是新媒体时代的一大特征，这使得职业院校能够快速响应学生的需求和反馈，从而提升教育服务质量。通过新媒体平台，学生可以即时与教师和校方沟通，反馈学习过程中遇到的问题和困难。职业院校可以利用这些信息，迅速调整教学内容和方法，满足学生的个性化需求。这种互动不仅提高了学生的学习体验，还增强了他们的学习积极性和主动性。此外，职业院校还可以通过新媒体平台开展在线问卷调查，收集学生对课程设置和教学质量的意见和建议，为教育质量的持续改进提供数据支持。

新媒体技术的普及使得信息可以通过多种渠道传播，增强了职业院校文化的多样性和丰富性。职业院校可以利用社交媒体、移动应用、在线论坛等平台，向学生传递丰富多样的文化信息。这不仅有助于拓宽学生的文化视野，还促进了多元文化在校园中的融合与交流。例如，职业院校可以通过新媒体平台举办在线文化讲座、艺术展览和文化交流活动，丰富学生的课余生活，提升他们的文化素养和综合素质。多样化的信息传播渠道还为职业院校的品牌建设和文化传播提供了新的路径和手段。

信息传递速度的加快促进了职业院校与企业、社会的互动，推动了校企合作和实践教学的创新。在新媒体时代，职业院校可以通过在线平台与企业建立紧密的联系，实时获取行业需求和岗位信息。这为职业院校的课程设置和教学内容提供了现实依据，使得教育更具针对性和实用性。同时，职业院校还可以通过新媒体平台组织企业专家在线讲座、实习项目和校企合作研讨会，增强学生的实践能力和就业竞争力。

（二）实时更新能力

新媒体时代的到来，为职业院校的文化育人提供了前所未有的机遇。实时更新能力作为新媒体的核心特征，极大地提高了信息传播的时效性和相关性。新媒体平台如微信、微博等，支持职业院校文化内容的即时发布与更新，使信息能够在短时间内传达到广大学生和教职工手中。这种信息传播的迅捷性不仅提高了信息的可达性，也使教育内容能够更为灵活地适应不断变化的社会环境和教育需求。

新媒体的实时更新能力使职业院校能够根据最新的教育趋势和行业需求，及时调整课程设置和教学方法。通过对新媒体平台上反馈信息的分析，职业院校可以迅速了解学生的学习需求和行业动态，从而在课程设计上做出相应调整。这种灵活的调整机制不仅提高了教育的针对性和有效性，也为学生提供了更为贴合实际的学习体验，从而更好地培养出适应社会需求的专业人才。

新媒体技术的实时更新功能还促进了职业院校与学生之间的互动。通过新媒体平台，学生可以随时获取最新的课程信息、活动通知以及教育资源，增强了他们对学校事务的参与感和归属感。这种互动不仅有助于构建和谐的校园文化氛围，还能够激发学生的学习兴趣和主动性，进而推动职业院校文化育人的深入开展。实时更新能力作为新媒体时代的重要特征，正在不断塑造着职业院校的教育生态，推动其向更加开放、灵活和互动的方向发展。

二、社交媒体平台的互动性

（一）用户参与度

在新媒体时代，社交媒体平台的互动性为职业院校的文化育人提供了丰富的可能性。用户参与度在这一过程中起到了至关重要的作用。社交媒体平台为职业院校提供了多元化的用户参与渠道，促进了学生、教师和家长之间的互动与沟通。通过这些平台，学生可以更加便捷地获取信息，与教师和同学进行实时交流。这种高效的互动方式不仅有助于增强学生的学习体验，还为教师提供了一个了解学生需求和反馈的窗口，从而能够更好地调整教学策略。

用户参与度的提升使得职业院校能够通过在线调查和反馈机制，及时了解学生的需求和意见，从而优化教育服务。职业院校可以通过社交媒体平台开展问卷调查、意见征集等活动，收集学生对课程、活动和校园生活的看法。这种直接而快捷的反馈机制使院校能够迅速识别问题并进行改进，提升教育质量和学生满意度。

社交媒体的互动性增强了学生的归属感，鼓励他们积极参与校园文化活动和社团组织，塑造良好的校园氛围。在社交媒体上，学生可以分享自己的学习成果、校园生活以及参与活动的心得体会。这种分享不仅有助于增强学生之间的情感联系，还能激励更多的学生参与校园文化建设。通过参与各类线上线下活动，学生能够在实践中锻炼自己的沟通能力、组织能力和团队合作精神，进一步提升自身的综合素质。

通过社交媒体平台，职业院校能够开展线上活动和竞赛，激发学生的创造力和参与热情，提升文化育人的效果。线上活动和竞赛不仅丰富了学生的课余生活，也为其提供了展示自我、发挥特长的平台。例如，职业院校可以组织线上辩论赛、创意设计大赛等活动，鼓励学生运用所学知识解决实际问题。这些活动不仅有助于学生的个人发展，还能增强其对学校的认同感和归属感，形成积极向上的校园文化氛围。

（二）互动工具多样性

互动工具的多样性在新媒体时代的社交媒体平台中扮演着关键角色。职业院校利用这些工具，不仅能够丰富校园文化的内涵，还能够有效地促进教育质量的提升。社交媒体平台提供的投票和调查功能，成为职业院校收集学生和教师意见的重要手段。通过这些功能，学校可以实时了解师生的需求和反馈，从而在决策和教育服务的改进中提供数据支持。这种实时交互机制，使得学校能够快速响应各方意见，优化教育策略，提升教育服务的针对性和有效性。

在线论坛和讨论组的设置，为师生之间的深度交流提供了平台。在这些平台上，学生和教师可以就学术问题广泛展开讨论，拓展学术讨论的广度和深度。这不仅有助于培养学生的批判性思维和学术研究能力，还能提高教师的教学能力和专业水平。通过在线交流，师生之间可以打破时间和空间的限制，进行更为自由和深入的思想碰撞，推动学术氛围的形成和发展。

直播和视频分享工具的应用，极大地丰富了职业院校教学内容，增加了校园活动的信息传播效果。通过直播，学校可以实时传递课堂教学内容，使得远程学习成为可能。同时，校园活动的直播也能让更多的师生参与其中，增强校园的凝聚力和文化认同感。视频分享工具则为教学资源的保存和传播提供了便利，学生可以通过回看视频，巩固课堂知识，教师也可以通过分享教学视频，促进教学经验的交流和推广。

社交媒体中的内容创作工具，激发了学生的创造力和表达能力。在这些平台上，学生可以通过文字、图片、视频等多种形式参与内容生成。这种参与不仅丰富了校园文化的表现形式，也为学生提供了一个展示自我的舞台，增强了他们的自信心和创新能力。通过内容创作，学生能够更好地理解和表达自己的思想，培养多元文化视角，进而推动校园文化的多样性和活力。

三、多媒体内容的多样性

（一）内容形式丰富

新媒体时代的到来为职业院校的文化育人提供了丰富的内容形式。在这一背景下，职业院校的文化内容可以通过图文并茂的方式呈现，这种方式不仅提升了信息的吸引力，还增强了文化传播的效果。图文结合的形式使得信息的传递更加直观，能够吸引学生的注意力，同时也便于信息的快速传播和记忆。通过图文并茂的方式，职业院校可以更有效地展示其文化内涵和教育理念，促进学生对校园文化的理解和认同。

视频内容的广泛应用是新媒体时代职业院校文化育人的另一大特色。视频能够生动形象地展示校园活动、课程内容以及师生风采，这使得文化传播的直观性大大增强。通过视频，学生不仅可以直观地感受到校园的氛围，还可以深入了解各类课程和活动的具体内容。这种形式的传播不仅丰富了校园文化的表现方式，还为学生提供了多样化的学习资源，激发了他们的学习兴趣和主动性。

音频播客的兴起为职业院校提供了新的文化传播渠道。音频作为一种便捷的媒介，能够让学生和教师在碎片化的时间中分享知识、经验和观点。通过音频播客，校园文化的表达方式得到进一步丰富。学生可以在通勤、运动或者休息时，通过音频获取有价值的信息和观点，这不仅拓宽了他们的视野，还促进了知识的交流与传播。音频播客的灵活性和便捷性使其成为职业院校文化育人的重要工具。

（二）跨平台传播

跨平台传播在新媒体时代是职业院校文化育人理念创新的重要组成部分。随着科技的发展和互联网的普及，信息传播不再局限于单一的平台，而是通过多种渠道进行扩散。这种传播方式的多样性为职业院校提供了更多的机会去接触和影响受众，特别是在年轻人聚集的社交媒体平台上。职业院校可以利用这些平台来推广其文化育人理念，增强其影响力和吸引力。通过跨平台传播，职业院校能够更有效地传达其教育理念和价值观，促进学生的全面发展和社会责任感的培养。

跨平台内容传播的策略设计是实现有效传播的关键。职业院校需要根据不同平台的特性和用户群体，制定相应的传播策略。例如，短视频平台适合传播生动、有趣的内容，而专业社交平台则适合分享学术性、专业性的内容。通过细致的策略设计，职业院校可以在不同的平台上展示不同的文化育人内容，从而吸引更多的关注和互动。同时，策略设计还需要考虑内容的连续性和一致性，以确保在不同平台上传递的信息具有统一的价值导向和教育目标。

利用社交媒体进行多渠道宣传与互动是职业院校在新媒体时代的重要任务。社交媒体具有即时性和互动性的特点，成为职业院校与学生、家长以及社会公众沟通的有效工具。通过社交媒体，职业院校可以实时发布文化活动信息，分享教育成果，并与受众进行互动交流。这种互动不仅能够提高受众的参与度，还能帮助职业院校及时获取反馈信息，从而不断优化其文化育人策略。通过多渠道的宣传与互动，职业院校能够更好地融入社会，提升其社会影响力和认可度。

整合线上线下资源，实现文化活动的全方位覆盖，是职业院校在新媒体时代文化育人理念创新的重要实践。线上活动可以突破时间和空间的限制，吸引更多的参与者，而线下活动则能够提供更为真实和深入的体验。职业院校可以通过线上线下的结合，开展丰富多彩的文化活动，增强学生的参与感和归属感。例如，线上讲座与线下实践相结合，能够更好地激发学生的学习兴趣和创新能力。通过整合资源，职业院校能够实现文化活动的全方位覆盖，提升其文化育人的效果。

四、用户生成内容的普及性

（一）用户创作动力

用户生成内容在新媒体时代的普及性不仅改变了信息传播的方式，也深刻影响了职业院校的文化育人理念。用户创作动力是这一现象背后的核心推动力。学生作为新媒体的主要用户，其创作动力源于多方面因素。首先，个人表达欲望和自我实现的需求驱动着学生积极参与内容创作。他们希望通过创作展示自我、获得认同，并在创作过程中实现自我价值。此外，社交媒体平台的互动性和即时反馈机制也增强了用户的创作动力。学生在这些平台上与他人互动，获得的点赞、评论和分享等反馈，进一步激发了他们的创作热情。职业院校在文化育人过程中，需充分理解和利用学生的创作动力，以促进其全面发展。

用户创作激励机制的建立是提升学生参与内容创作的重要策略之一。职业院校可以通过多种方式激励学生创作。例如，设立内容创作奖项和荣誉称号，给予优秀创作者一定的物质或精神奖励，以此激发学生的创作热情。奖励机制不仅可以提高学生参与的积极性，还能够促进他们在创作过程中不断提升自身的能力和素养。此外，学校可以通过建立荣誉体系，对优秀作品进行展示和宣传，进一步增强学生的成就感和归属感。这种激励机制在新媒体时代尤为重要，因为它能够有效地将学生的创作动力转化为实际的创作行为，从而推动职业院校文化育人的深入发展。

提供多样化的创作工具和平台是降低用户参与内容生成门槛的重要手段。在新媒体时代，技术的快速发展为内容创作提供了丰富的工具和平台。职业院校应充分利用这些技术，向学生提供易于使用的创作工具和开放的平台，以降低创作门槛。例如，学校可以引入简单易用的视频编辑软件、图像处理工具，以及开放的博客和社交媒体平台，让学生能够轻松进行内容创作。同时，学校还可以组织相关培训，帮助学生掌握这些工具的使用技巧。这不仅能提升学生的技术能力，还能激发他们的创作兴趣和潜力，为职业院校的文化育人提供有力支持。

通过举办创作比赛和活动，职业院校可以有效激发学生的创造力和表达欲望。创作比赛和活动为学生提供了展示才华和相互交流的平台，有助于激发他们的创新思维和表达能力。学校可以定期组织主题创作比赛，让学生围绕特定主题进行创作，并邀请专家进行评审和指导。此外，学校还可以举办创作工作坊、讲座和沙龙，邀请知名创作者分享经验，激发学生的创作热情。这些活动不仅能够提升学生的创作能力，还能增强他们的团队合作和沟通能力，为职业院校的文化育人提供丰富的实践机会。

（二）内容审核机制

内容审核机制在新媒体时代的职业院校中扮演着至关重要的角色。用户生成内容的广泛传播使得内容审核成为确保信息质量和合规性的关键步骤。建立明确的内容审核标准是职业院校在新媒体环境中维持文化价值观和教育目标的基础。标准的制定不仅需要考虑学校的文化使命，还需要兼顾新媒体特有的开放性和多样性。通过明确的审核标准，职业院校能够有效地引导用户生成内容的方向，确保其符合教育目标，促进学生的全面发展。

为了增强内容审核的有效性，职业院校应引入多层次的审核机制。初审、复审和终审的分层审核流程能够在不同的层面上把控内容的质量和合规性。初审阶段可以快速筛除明显不当的内容，复审则需要更深入的分析和判断，而终审则是对整体内容的最终把关。这样的多层次审核机制不仅提高了内容审核的精准度，还能有效地分配审核资源，提升审核效率。

在新媒体时代，技术手段的引入为内容审核提供了强有力的支持。职业院校可以采用自动化工具来筛查用户生成内容中的不当信息。通过自然语言处理和机器学习等技术，审核工具能够快速识别和过滤不符合标准的内容，从而提高审核效率。这种技术手段的应用不仅减轻了人工审核的负担，还能在内容数量庞大的情况下保持审核的及时性和准确性。

为确保内容审核机制的持续优化，职业院校应设立用户反馈渠道。通过鼓励师生对审核结果提出意见，学校能够及时了解审核机制的不足，并进行相应的改进。用户的反馈不仅是对审核流程和标准的检验，也是推动审核机制不断完善的重要动力。通过积极采纳合理的用户建议，职业院校可以在动态的媒体环境中保持审核机制的先进性和适应性。

第二节　新媒体时代对职业院校文化育人的影响

一、新媒体对职业院校文化传播方式的影响

（一）数字化传播渠道

数字化传播渠道已经成为职业院校文化传播的重要途径。这些渠道不仅为院校提供了更广泛的信息传播途径，还能够覆盖更大范围的受众群体，从而显著提升文化传播的效率。在新媒体时代，职业院校可以通过数字化渠道实现信息的即时更新与发布，确保文化内容的时效性和相关性，以满足学生的即时需

求。数字化传播渠道使得职业院校能够采用多样化的内容呈现形式，如图文、视频和音频等，这些形式的多样性极大地增强了文化传播的吸引力。此外，利用这些渠道，职业院校可以实现与外部社会的互动，促进校企合作和社会资源的整合，为学生提供更多的实践机会。这不仅有助于学生在实践中巩固所学知识，还能增强他们的职业素养和社会适应能力。

数字化传播渠道的使用大大提升了职业院校文化育人的参与度。学生能够通过在线平台积极参与各种文化活动，这种参与不仅增强了他们的归属感和参与感，还为他们提供了一个展示自我和交流思想的平台。在新媒体的支持下，职业院校可以更好地调动学生的积极性，促进他们在文化活动中的主动参与和创造性发挥。这种参与式的文化育人方式，不仅丰富了学生的校园生活，还培养了他们的团队合作精神和创新能力。通过数字化传播渠道，职业院校能够更有效地将文化教育融入学生的日常学习和生活中，为他们提供一个多元化的成长环境。

在新媒体时代，职业院校通过数字化传播渠道实现了与社会各界的广泛互动。通过这些渠道，学校能够与企业、社会团体和其他教育机构建立紧密联系，开展多种形式的合作。这种互动不仅为学生提供了更多的实习和实践机会，还为学校的文化育人工作注入了新的活力和资源。在这种背景下，职业院校可以更好地整合社会资源，丰富文化育人的内容和形式，为学生提供一个更加开放和多元化的学习环境。这种开放的文化育人模式，不仅提升了学生的综合素质，还为他们未来的职业发展打下了坚实的基础。

（二）社交媒体的作用

社交媒体在新媒体时代为职业院校提供了一个实时互动的平台，极大地促进了师生之间、学生与家长之间的沟通与交流。这种实时互动不仅增强了校园社区的凝聚力，还使得信息的传递更加高效和透明。通过社交媒体，教师和学生能够在课后继续交流，家长也能够及时了解孩子的学习动态和学校活动，从而形成一个紧密联系的教育共同体。尤其是在信息传递的速度和广度上，社交媒体的作用无可替代，为职业院校的文化育人提供了新的可能性和创新空间。

职业院校通过社交媒体可以快速发布重要通知和校园活动信息，确保信息的及时传达。这种传播方式的即时性和广泛性，极大地提升了学生的参与度和关注度。无论是课程调整、考试安排，还是校园活动，学生都能在第一时间获取信息，从而更好地安排自己的学习和生活。这种信息的高效传递不仅提高了学校管理的效率，也增强了学生对学校活动的参与感和归属感，形成了良好的校园文化氛围。

社交媒体平台支持内容的多样化展示，包括图文、视频和直播等多种形式，使得职业院校文化活动的传播更加生动有趣。这种多样化的展示方式，不仅丰富了校园文化的表现形式，也吸引了更多学生的参与。通过图文并茂的活动宣传、现场活动的直播，学生能够更直观、更生动地感受到校园文化的魅力，从而激发他们的参与热情和创造力。这种多样化的传播方式，正是新媒体时代职业院校文化育人的创新体现。

社交媒体的互动功能使得职业院校能够进行在线问卷调查和反馈收集，及时了解学生的需求和意见。这种互动性不仅有助于学校优化教育服务和文化活动，还能够增强学生的参与感和责任感。通过社交媒体平台，学生可以随时表达自己的观点和建议，学校也能够根据反馈及时调整和改进。这种双向互动的沟通机制，为职业院校的文化育人提供了新的思路和方法，推动了教育质量的提升。

（三）多媒体内容的应用

多媒体内容在职业院校中的应用已经成为一种趋势，它不仅丰富了教学手段，还有效地增强了文化育人的吸引力。多媒体技术通过生动的视觉和听觉效果，能够极大地提升学生的学习兴趣。在新媒体时代，职业院校可以利用这种技术手段，将文化教育与学生的兴趣点紧密结合，形成一种新的文化传播方式。这种方式不仅能吸引学生的注意力，还能使他们在潜移默化中接受文化教育，增强文化认同感。

利用视频教学和在线课程，职业院校可以将复杂的知识点以直观的方式呈现，帮助学生更好地理解和掌握。这种直观的教学方式能够打破传统课堂的局限，使得学生在视觉和听觉的双重刺激下，更加容易地消化和吸收知识。通过新媒体技术，教师可以将枯燥的理论知识转化为生动的动画或视频，使得教学内容更加贴近学生的认知习惯，提升教学效果。

音频播客为职业院校提供了灵活的学习方式，学生可以在任何时间和地点收听相关内容，促进自主学习。这种灵活的学习方式打破了时间和空间的限制，使得学生能够在课余时间进行自主学习，提升学习效率。此外，音频播客的内容形式多样，可以根据学生的兴趣和需求进行个性化定制，进一步激发学生的学习动力。

互动性游戏和在线活动的设计能够吸引学生积极参与，提升校园文化活动的趣味性和互动性。在新媒体时代，游戏化学习已经成为一种有效的教育手段，通过将学习内容与游戏元素相结合，职业院校可以激发学生的学习热情，增强其参与校园文化活动的积极性。这种互动性的设计不仅能够增强学生的学习效果，还能促进他们在活动中的交流与合作，增强集体意识。

多媒体内容的整合能够实现跨学科的文化传播，促进不同专业学生之间的交流与合作，丰富校园文化氛围。通过多媒体平台，职业院校可以将不同学科的文化内容进行有机整合，形成一种跨学科的文化传播模式。

二、新媒体环境下职业院校学生价值观的变化

（一）多元文化的影响

多元文化在新媒体环境下对职业院校学生的价值观产生了深远的影响。学生通过新媒体平台接触来自不同文化背景的信息，这种信息的多样性不仅拓宽了他们的视野，也促进了文化包容性和开放性的形成。学生在接触和理解多元文化的过程中，逐渐认识到文化差异的存在和重要性，进而在日常生活和学习中表现出更强的文化包容能力。这种能力的提升，使学生在面对不同文化背景的同学或工作环境时，能够更从容地进行交流和合作。

多元文化的影响还体现在价值观的形成过程中，学生更加重视团队合作与跨文化沟通能力的培养。新媒体为学生提供了一个开放的平台，使他们能够与全球各地的同龄人进行交流和互动。在这种互动中，学生逐渐认识到团队合作的重要性。在一个多元文化的团队中，跨文化沟通能力显得尤为关键。这种能力不仅有助于学生在学术和职业生涯中取得成功，也为他们未来的国际化发展奠定了良好的基础。

新媒体平台为学生提供了多样的文化表达渠道，鼓励他们在多元文化环境中探索和表达自我身份。通过参与各种在线文化活动和讨论，学生可以更好地理解和表达自己的文化背景和价值观。这种自我表达的机会，使得学生在多元文化环境中，能够更加自信地展示自我，并在与他人交流的过程中，增进对自身文化身份的认同感。这种认同感不仅增强了学生的自信心，也促进了他们在多元文化背景下的自我发展。

职业院校通过多元文化的引入，丰富了校园文化活动，增强了学生的文化

认同感和归属感。学校通过组织各种多元文化活动，如文化节、国际交流项目等，提供给学生一个直接接触和体验不同文化的机会。这些活动不仅丰富了校园文化生活，也使学生在参与中感受到不同文化的魅力和价值，进而增强对本民族文化的认同和对学校的归属感。这种归属感的提升，有助于学生在学校环境中更好地融入和发展。

多元文化的影响还促进了职业院校课程的多样化，鼓励教师在教学中融入全球视野和文化多样性。教师在课程设计中，需要越来越多地考虑学生对多元文化的需求，积极引入全球视野和文化多样性的内容。这种课程的多样化，不仅使学生在学习过程中，能够接触更广泛的文化知识，也培养他们的全球视野和文化敏感性。这种敏感性对于学生未来在国际化环境中的发展，具有重要的促进作用。

（二）信息获取的多样性

信息获取的多样性在新媒体时代为职业院校学生带来了深刻的影响。新媒体环境下，学生能够通过多种渠道获取信息，包括社交媒体、在线课程和教育应用程序，这大大提升了他们的信息获取能力。这种多样性不仅使得信息的获取更加便捷和快速，也使学生可以在海量信息中进行筛选，选择最适合自己需求的内容。这种选择自由度的增加，有助于培养学生的批判性思维和独立分析能力，使他们在面对复杂信息环境时，能够保持清晰的判断和理性分析。

新媒体提供的多样化信息获取渠道，使学生能够选择适合自己学习风格和节奏的资源，增强了自主学习的灵活性。这种灵活性使得学生不再受到传统课堂的时间和空间的限制，他们可以根据自己的兴趣和学习进度，自主安排学习计划。这种学习方式的转变，促使学生更加关注自身学习的主动性和责任感，进而提升了学习的效率和效果。同时，自主学习的灵活性也为学生提供了更多的机会去探索和实践他们感兴趣的领域，激发了他们的创新思维和创造能力。

通过新媒体平台，学生能够接触全球范围内的教育资源和专业知识，拓宽了他们的视野和思维方式。全球化的教育资源使学生能够了解不同国家和地区的文化、技术和教育理念，这种国际化的视野有助于培养学生的跨文化交流能力和全球竞争力。此外，接触多元化的知识和观点，也帮助学生形成更加包容和开放的心态，使他们在面对多元文化和价值观时，能够更加从容和自信地进行交流和合作。

新媒体的互动性使学生可以即时与教师和同学进行交流，获取实时反馈，从而提升学习效果。互动性不仅增强学习的参与感和趣味性，也使得学生能够在学习过程中及时解决疑惑，避免学习瓶颈的产生。同时，实时反馈机制也促进教师和学生之间的双向沟通，教师可以根据学生的即时反馈调整教学策略，提供更加个性化和精准的指导。这种互动和反馈机制，提升了教学的针对性和有效性，促进了学生的全面发展。

（三）社会责任感的培养

在新媒体环境下，职业院校面临培养学生社会责任感的全新机遇。社会责任感的培养不仅是教育的核心任务，也是推动学生全面发展的重要途径。新媒体的广泛应用为职业院校提供了更多元化的途径来实现这一目标。通过在线平台和社交媒体，职业院校能够有效地鼓励学生参与各类社会公益活动。这些活动不仅帮助学生理解社会责任的重要性，还为他们提供了实践机会，使他们在参与中感受到个体对社会的贡献和价值。新媒体的互动性和即时性，赋予了这些活动更高的参与度和影响力，能够激发学生的主动性和创造力。

职业院校应充分利用新媒体技术，开展关于社会责任和公民意识的主题活动。这些活动可以通过在线课程、视频讲座、网络研讨会等形式进行，旨在提升学生的社会参与意识和责任感。新媒体技术的多样性和灵活性使得教育内容可以更加生动和贴近学生的生活实际，从而提升教育的效果。

通过新媒体平台，职业院校可以组织多样化的志愿者服务项目。这些项目不仅受限于校园内，还可以扩展到社区、城市乃至更广泛的社会层面。学生在参与这些志愿者活动时，能够在实践中体会社会责任的重要性，增强对社会问题的敏感性和解决能力。新媒体平台为这些项目提供了广泛的宣传和交流渠道，使得更多学生能够参与其中。在参与过程中，学生不仅能够积累实践经验，还能通过与他人的互动，提升自身的沟通能力和团队合作意识。

三、新媒体技术对职业院校教学模式的革新

（一）在线教学平台的使用

在线教学平台的使用在职业院校中已成为一种普遍的教学模式。它为学生提供了灵活的学习环境，使得学习不再局限于传统课堂的时间和空间。学生可以根据自己的时间安排选择学习内容，这种自主性极大地提升了学习效率。在

这种模式下，学生能够在课余时间进行自主学习，利用碎片化的时间进行知识的积累和技能的提升。这种灵活性尤其适合职业院校的学生，他们通常需要兼顾实习和工作，在线教学平台的出现有效解决了这一矛盾。

通过在线教学平台，教师可以充分利用丰富的教学资源和多媒体内容，增强课堂的互动性和趣味性。多媒体资源的运用，如视频、动画和虚拟实验室等，使得复杂的理论知识变得更加生动易懂，吸引学生的注意力，提高他们的学习参与度。互动式的教学方法，如在线测验、即时反馈和讨论论坛，激发了学生的学习兴趣，鼓励他们积极参与课堂活动，从而提高了教学效果。

在线教学平台还支持实时反馈和在线讨论，这不仅促进了师生之间的即时沟通，也帮助教师及时了解学生的学习情况和需求。通过平台提供的数据分析功能，教师可以准确掌握学生的学习进度和困难之处，从而有针对性地调整教学策略。实时的沟通渠道使得学生可以随时向教师请教问题，教师也可以通过线上答疑、视频会议等方式给予及时的指导和帮助，这种双向互动的教学模式极大地提升了教学的质量。

在线教学平台的使用使得课程内容可以随时更新和调整，确保教育内容与行业需求和市场变化保持一致。在职业教育中，课程内容的实用性和时效性至关重要。通过在线平台，教师可以及时引入最新的行业动态和技术发展，使学生能够掌握最前沿的知识和技能。这种动态更新的课程设计不仅提高了学生的就业竞争力，也增强了职业院校在行业中的声誉和影响力。

职业院校通过在线教学平台能够打破地域限制，吸引更多的学生参与，扩大教育资源的共享和传播。在线教学的普及使得偏远地区的学生也能享受到优质的教育资源，促进了教育公平。同时，职业院校可以通过在线平台开展国际合作，与国外院校进行课程共享和联合教学，拓宽学生的国际视野。

（二）混合式学习的实施

在新媒体时代，职业院校的文化育人理念正在经历深刻的变革。混合式学习作为一种创新的教学模式，正逐步成为职业院校教学的重要组成部分。混合式学习结合了在线学习与面对面教学的优势，能够有效满足不同学生的学习需求和风格。这种模式不仅提升了学习效果，还为学生提供了更多自主选择的空间，使其能够根据自身的学习节奏和兴趣进行学习。这种灵活性在新媒体时代尤为重要，因为学生可以通过多样化的学习资源和方式，培养自主学习能力和创新思维。

职业院校通过混合式学习，可以灵活调整教学内容，以确保课程内容与行业发展保持一致。这种灵活性使得课程设计能够快速响应行业动态变化，增强学生的职业竞争力。职业院校在课程设置上，更加注重与实际行业需求的对接，确保学生在毕业时能够具备必要的技能和知识储备，适应职场的快速变化。这种动态调整的能力，使得职业院校的教育更加贴近实际需求，培养出更具竞争力的人才。

混合式学习不仅提升了学生的自主学习能力，还为教师提供了新的教学方式。通过在线平台，教师可以进行个性化的指导，及时跟踪学生的学习进度，并提供针对性的反馈与支持。这种个性化的教学方式，使得教师能够更好地关注每个学生的学习过程，帮助他们克服学习中的困难，提升学习效果。教师在这种模式中，不仅是知识的传授者，并且是学习的引导者和支持者，为学生的成长提供全方位的支持。

在职业院校文化育人的过程中，混合式学习为教学形式的多样化提供了可能。通过丰富多样的学习活动，学生的参与热情和创造力得到了极大的激发。多样化的学习活动不仅能够提高学生的学习兴趣，还能够培养他们的团队合作能力和创新思维。这种教学模式的实施，为职业院校的文化育人提供了新的路径，使得学生在学习过程中不仅获得知识，还能发展个人能力和素养，全面提升综合素质。

四、新媒体时代职业院校师生互动的转变

（一）在线交流工具的使用

在线交流工具的使用在职业院校的教育环境中引发了显著的变革，尤其是在师生互动方面。随着新媒体技术的普及，教师和学生之间的沟通不再局限于传统课堂，而是扩展到虚拟空间。在线交流工具，如即时通信软件、学习管理系统和社交媒体平台，为师生之间的即时沟通提供了便捷的渠道。这种即时性不仅增强了课堂互动，还提升了学生的学习效果，使教育过程更加高效和灵活。

通过在线交流工具，学生可以在任何时间向教师提问，迅速解决学习中的疑难问题。这种即时反馈机制极大地增强了学生的学习主动性和积极性。学生不再受限于课堂时间，可以在课后继续与教师保持联系，获得持续的指导和支

持。这种学习模式的转变，使学生在知识获取和应用上更加自主，符合新媒体时代对教育的要求。

在线交流工具不仅促进了师生之间的互动，也支持学生之间的小组讨论和协作学习。这些工具为学生提供了一个开放的平台，鼓励他们进行深度交流和合作，培养团队合作能力。在小组项目中，学生可以通过在线平台分享资源、讨论问题和协调任务，形成一个高效的学习共同体。这种协作学习模式，有助于提升学生的沟通能力和解决问题的能力，为未来的职业发展打下坚实的基础。

教师可以利用在线交流工具发布学习资源和活动通知，提高信息传递的效率和及时性。学生能够及时获取学习材料，规划学习进度，参与各类学习活动。这种信息传递的高效性，确保了学生能够在第一时间掌握最新的学习动态，优化了学习的整体体验。同时，教师也能更好地管理教学资源，提升教学质量。

（二）互动教学的增强

互动教学在新媒体时代得到了显著增强，成为职业院校文化育人中不可或缺的一部分。通过实时反馈机制，教师能够迅速了解学生对知识的理解程度和掌握情况。这种机制不仅能够帮助教师及时调整教学策略，还能促进个性化学习进程，使每位学生都能在自己的节奏中学习和成长。互动教学的增强使得教育不再是单向的信息传递，而是一个动态的知识交流过程，极大地提升了学生的学习体验和效果。

利用在线投票和问卷调查，教师能够快速获取学生的学习情况和反馈意见。这些工具使得教师能够在课堂上即时了解学生的需求和困惑，从而进行针对性教学策略调整。这种灵活的教学方式不仅提高了课堂效率，还使得教学内容更加贴近学生的实际需求，增强了学生的学习主动性和参与感。通过这种方式，教师和学生之间形成了一种积极的互动关系，推动了教学质量的提升。

小组合作项目在互动教学中发挥了重要作用，学生通过在小组中进行合作学习，能够互相学习和借鉴，从而提升团队协作能力和沟通技巧。这种学习方式不仅有助于学生在学术上取得进步，还培养了他们在未来职业生涯中所需的技能。通过小组合作，学生能够在互动中发现自己的长处和短板，并在团队的支持下不断改进和提升自我。

借助多媒体工具，教师可以设计出更加生动有趣的互动课程，吸引学生积极参与。多媒体技术的应用使得课程内容更加丰富和直观，学生在课堂上能够通过视觉和听觉的多重刺激，加深对知识的理解和记忆。这样的教学方式不仅能增加课堂的活跃度，还能激发学生的学习兴趣，使他们在轻松愉快的氛围中获取知识。

（三）师生关系的变化

新媒体时代的到来，极大地改变了职业院校中传统的师生关系模式。新媒体环境下，师生之间的沟通变得更加频繁和即时。通过各种社交媒体和在线平台，信息的流通和反馈得以加速，师生能够及时分享和获取彼此的看法和意见。这种快速的信息交流方式，不仅提高了教学的效率，也使得学生在学习过程中能够更加主动地参与到知识的建构中。这种即时的互动有助于教师更好地掌握学生的学习动态，及时调整教学策略，满足学生的个性化需求。

在新媒体的影响下，师生关系也逐渐向更加平等的方向发展。学生通过新媒体平台，能够更自由地表达自己的意见和建议，这种开放的交流方式增强了学生的参与感和责任感。教师不再是单向的知识传授者，而是成为学生学习过程中的引导者和支持者。学生在学习过程中遇到的问题，可以通过新媒体工具快速寻求帮助和指导，这种双向互动的关系，促进了学生的自主学习能力和创新思维的培养。

教师在新媒体环境中，能够利用多种工具更深入地了解学生的学习情况，提供个性化的指导与支持。通过分析学生在在线平台上的学习行为和表现，教师可以更有针对性地制订教学计划和策略。这种基于数据分析的教学方式，不仅提高了教学的针对性和有效性，还帮助了教师更好地支持学生的个性化发展。新媒体工具的使用，使得教学资源的获取和分享更加便捷，教师可以根据学生的不同需求，提供多样化的学习资源，满足学生的个性化学习需求。

新媒体的使用，使得师生之间的互动形式更加多样化，增加了课堂外的学习和交流机会。通过在线讨论组、社交媒体平台和电子邮件等多种形式，学生可以在课后继续与教师和同学交流学习心得和疑问。这种多样化的互动方式，打破了传统课堂教学的时间和空间限制，延伸了学习的广度和深度。学生在课外的学习和交流中，能够更好地巩固课堂上所学的知识，提升自身的综合能力和素养。

第三节 新媒体时代职业院校文化育人的目标重构

一、职业院校文化育人目标的内涵解析

（一）文化育人的基本概念

文化育人是职业院校教育体系中不可或缺的一部分，其基本概念涉及通过文化活动和文化环境的营造，促进学生的全面发展。文化育人不仅是知识的传递，更是价值观和行为规范的塑造过程。在新媒体时代，文化育人强调通过多元化的文化活动，使学生能够在愉悦的环境中接受教育，增强其文化素养和社会适应能力。这种教育方式不仅有助于提升学生的个人修养，还能为社会培养具有文化自觉和文化自信的人才。

文化育人的定义及其重要性体现在其对学生价值观、道德观和社会责任感的培养上。在职业院校中，文化育人并不是单一的知识传授，而是通过文化的熏陶和实践活动，帮助学生形成正确的价值观和积极的生活态度。这种教育理念强调文化在学生全面发展中的核心作用，认为只有通过文化的浸润，才能真正实现学生的全面发展，使其能够在未来的职业生涯中具备良好的道德判断力和社会责任感。

文化育人的目标不仅在于知识的传递，更在于培养学生的价值观、道德观和社会责任感，以适应社会发展的需要。在新媒体时代，职业院校的文化育人目标需要进行重构，以便更好地适应快速变化的社会环境和职业需求。这包括通过多样化的文化活动和实践，帮助学生建立健全的人格，培养其批判性思维和创新能力，使其能够在复杂的社会环境中做出明智的决策，承担起应有的社会责任。

文化育人的方法与途径在于通过多种形式的文化活动和实践，增强学生的参与感和归属感。在职业院校中，文化育人可以通过组织学生参与各种文化活动，如艺术节、文化交流等，提高他们的文化素养和团队合作能力。此外，通过网络平台和新媒体工具，学生可以更便捷地参与全球化的文化交流，从而拓宽其国际视野，提升其跨文化沟通能力。

文化育人与职业教育的结合是提升学生职业素养和综合能力的重要途径。

在职业院校中，文化育人不仅仅是素质教育的一部分，更是职业教育的重要补充。通过将文化元素融入职业教育课程中，学生不仅可以掌握专业技能，还能提升其文化素养和综合能力。这种结合有助于培养学生的创新思维和实践能力，使其在未来的职场中具备更强的竞争力和适应能力。

（二）职业院校的文化特征

职业院校的文化特征在新媒体时代呈现出独特的多样性，涵盖了道德教育、职业素养、社会责任等多个方面，形成了丰富的文化内涵。这种多样性不仅体现在课程设置上，还体现在校内外活动的组织中。例如，道德教育通过课程内容与课外活动相结合，培养学生的诚信意识和团队精神；职业素养的培养则通过模拟企业环境和真实项目的参与，使学生在校期间就能体验到职场的氛围和要求；社会责任感的教育则通过志愿服务和社会实践活动，增强学生对社会问题的敏感性和参与意识。这些多样化的文化育人目标在新媒体的支持下，更加生动和富有成效。

职业院校文化的实践性是其另一显著特征，通过实际操作和项目参与，促进学生在真实环境中学习和成长。在职业院校的教育过程中，实践性不仅是教学方法的核心，也是培养学生动手能力和解决问题能力的重要途径。通过与企业合作开展实习项目，学生不仅能够将课堂知识应用于实践，还能在实践中发现自身的不足和改进的方向。新媒体技术的应用，使得这些实践活动更加灵活和多样化，学生可以通过虚拟仿真技术进行模拟操作，降低了实践教学的成本和风险，同时也提升了学生的学习兴趣和参与度。

职业院校文化的创新性在新媒体时代尤为重要，强调在教育过程中融入新媒体元素，以适应现代学生的学习习惯和需求。新媒体技术的快速发展，为职业院校的教育创新提供了丰富的资源和工具。通过在线课程、虚拟现实和增强现实技术的应用，教学内容变得更加生动和直观，学生的学习体验效果也得到了极大的提升。此外，新媒体平台的互动性和开放性，促进了师生之间的交流与合作，使得教学过程更加灵活和个性化。职业院校通过创新性的文化育人策略，能够更好地满足学生的个性化学习需求，并提升其综合素质。

职业院校文化的互动性体现在鼓励师生之间、学生与学生之间的积极交流与合作，增强校园的凝聚力。在新媒体时代，互动性不仅限于课堂内的讨论和交流，还通过各种在线平台和社交媒体得以延伸和扩展。师生可以通过在线论坛和社交平台进行课外交流，分享学习资源和心得体会，学生之间也可以组建学习小组，共同探讨和解决学习中的问题。这种互动性的增强，不仅有助于提升学生的学习效果，还能促进良好的校园文化氛围的形成，使得学生在一个充满活力和合作精神的环境中成长。

（三）育人目标的核心要素

职业院校在新媒体时代的文化育人过程中，育人目标的核心要素成为关键议题。育人目标不仅仅是培养学生的基础知识和技能，更重要的是全面提升学生的素质。具体而言，职业院校应明确其文化育人目标，聚焦于学生的全面素质提升。其中包括道德素养的培养，使学生在职业生涯中具备良好的职业道德和社会责任感；同时，职业技能的提升也是不可或缺的部分，确保学生在步入职场后能够胜任其工作。此外，社会责任感的培养使学生不仅关注个人职业发展，还能关注社会的进步与和谐发展。

在新媒体时代，职业院校的文化育人目标需与实际的职业教育需求紧密结合。这意味着院校在设定育人目标时，必须考虑行业变化和社会发展的动态性。通过将文化育人目标与职业教育的实际需求相结合，职业院校能够培养出适应市场需求的高素质人才。这样的结合不仅有助于学生在职业生涯中获得竞争优势，也使他们能够在不断变化的社会中找到自己的定位和价值。

在文化育人过程中，创新能力和实践能力的培养尤为重要。新媒体时代的信息化特点要求学生具备快速适应和创新的能力。因此，职业院校应通过多样化的文化活动，提升学生的综合素质和适应能力。通过设计丰富多彩的校园文化活动，学生可以在实践中锻炼自己的创新思维，增强解决实际问题的能力。这不仅有助于学生在校期间的成长，也为他们未来的职业发展奠定了坚实的基础。

个体差异的存在使得职业院校在文化育人过程中必须重视个性化方案的制订。每个学生都有其独特的兴趣、能力和发展潜力，因此，职业院校应根据学生的个体差异，制订个性化的文化育人方案。这样的方案不仅能满足不同学生的需求，还能激发他们的潜能，使每个学生都能在各自擅长的领域取得进步。这种个性化的培养方式，也有助于学生在未来的职业生涯中找到最适合自己的发展方向。

为了确保文化育人目标的实现，职业院校需建立有效的评估机制。通过定量与定性相结合的方法，持续监测和优化文化育人目标的实现效果，可以确保育人目标的达成。定量评估可以通过数据分析来了解学生在各个方面的进步，而定性评估则通过观察和访谈等方式深入了解学生的成长过程。

二、新媒体环境下文化育人目标的调整方向

（一）数字化素养的提升

数字化素养的提升在新媒体时代的职业院校教育中显得尤为重要。职业院校需要通过多种途径提升学生的信息检索能力，使学生能够有效利用新媒体资源进行学习和研究。信息检索能力不仅关乎学生获取知识的效率，更影响其在未来职业发展中的竞争力。在新媒体环境下，信息的获取渠道多样化，学生需要具备快速筛选和判断信息价值的能力，从而在海量信息中找到真正有用的内容。

培养学生的数字沟通技能是数字化素养提升的另一重要方面。在在线环境中，沟通方式和技巧与传统的面对面交流有所不同。职业院校应注重增强学生在在线环境下的表达和互动能力，使其能够在虚拟团队中高效协作。通过模拟在线会议、参与在线讨论等方式，学生可以逐步掌握在线沟通的技巧，提升在数字化工作环境中的适应能力。

加强学生对网络安全与隐私保护的意识是数字化素养教育中不可或缺的一环。随着新媒体技术的普及，网络安全问题日益突出，职业院校必须确保学生在使用新媒体时具备基本的安全意识。通过开展网络安全知识讲座、设置虚拟安全模拟场景等方式，学生可以更好地理解网络安全的重要性，并在日常使用中采取必要的保护措施，保障个人信息的安全。

在多媒体工具的掌握方面，职业院校有责任促进学生对这些工具的熟练使用，以提升其在学习和创作中的应用能力。多媒体工具的广泛应用为学生提供了丰富的学习和创作手段，使其能够更加生动、直观地表达思想。通过鼓励学生参与多媒体项目、制作数字作品，职业院校可以帮助学生提高其技术技能和创造力，增强其在数字时代的职场竞争力。

（二）多元文化的包容

多元文化的包容在职业院校文化育人中扮演着至关重要的角色。在新媒体时代，职业院校需要通过多样化的文化活动来提升学生对不同文化的理解与尊重，以培养其跨文化交流能力。鼓励学生积极参与多元文化活动，不仅能够拓

宽他们的视野，还能帮助他们在多元文化环境中找到自己的定位。通过这些活动，学生可以体验到不同文化的魅力，深化对多样性和包容性的理解，从而为其未来的职业生涯奠定坚实的基础。

课程设计中引入多元文化元素是实现文化育人目标调整的重要策略。通过在课程中融入全球文化的内容，学生能够在学习过程中增强文化认同感。同时，这种设计也有助于促进校园文化的多样性，使学生在多元文化的氛围中成长。通过这种方式，职业院校不仅能够丰富教育内容，还能够培养学生的文化敏感性和适应能力，使他们在全球化的背景下更具竞争力。

设立多元文化主题社团与活动是激发学生参与热情、创造包容校园氛围的有效途径。这些社团和活动为学生提供了一个交流和展示的平台，使他们能够在多元文化的背景下相互学习和成长。通过参与这些活动，学生不仅能够提高自己的文化素养，还能增强团队合作精神和领导能力。这种实践为职业院校的文化育人提供了一个动态的、互动的环境，使学生能够在多元文化的语境中获得全面发展。

新媒体平台的利用为多元文化内容的展示提供了广阔的空间。通过这些平台，学生可以接触到全球范围内的文化信息，促进对不同文化的认知与欣赏。职业院校可以利用新媒体技术，打造一个多元文化的在线社区，使学生能够在虚拟环境中进行文化交流和学习。这不仅拓宽了学生的文化视野，也为他们提供了一个了解和接纳不同文化的机会，从而促进其在多元文化环境中的适应能力。

（三）创新思维的培养

在新媒体时代，职业院校的文化育人目标需要进行适应性调整，以培养学生的创新思维。创新思维的培养是教育的核心任务，创新能力是学生在未来职业生涯中取得成功的关键能力。新媒体环境为职业院校提供了丰富的资源和工具，通过项目导向学习，学生能够在真实的情境中应用创新思维，提升解决复杂问题的能力。这种学习方式强调实践性和应用性，学生通过参与实际项目，能够更好地理解理论知识如何在现实中得到应用，从而提高其综合能力和创新意识。

在培养创新思维的过程中，创意工作坊和头脑风暴活动起到了重要作用。这些活动为学生提供了一个开放和包容的环境，鼓励他们自由表达自己的想法，激发创造力和团队协作能力。通过与同学和教师的互动，学生能够在交流中碰撞出新的思维火花，提升其创新能力和对问题的多角度理解能力。这种互动式学习不仅提高了学生的创造力，还增强了他们的沟通和协作能力，为其未来的职业发展奠定了坚实的基础。

设计思维方法的引入为学生提供了系统性思考和解决问题的工具。在产品开发和服务创新过程中，设计思维强调以用户为中心，通过观察、理解和原型设计等步骤，帮助学生更好地理解用户需求，并提出创新解决方案。这一方法培养了学生的批判性思维和解决问题的能力，使他们能够在复杂多变的环境中快速适应和创新。通过设计思维的训练，学生不仅掌握了创新的方法论，还提高了在实际工作中的应用能力和创新意识。

新媒体工具的使用为学生在数字环境中进行创作提供了便利。通过这些工具，学生能够更便捷地获取信息、进行创作和展示作品，激发其创新潜力和实践能力。新媒体技术的应用使学生能够在多媒体环境中进行多样化的创作，培养其数字素养和创新能力。此外，数字平台的开放性和互动性也为学生提供了更广阔的交流和展示空间，使他们能够在全球化的背景下展示自己的创新成果。

跨学科合作项目是培养学生多角度思考能力的重要途径。通过参与不同领域的合作项目，学生能够在学科交叉中拓展思维边界，培养其综合分析和创新能力。这种跨学科的学习模式使学生能够从多角度理解和解决问题，提升其批判性思维和创新能力。

三、职业院校文化育人目标的多元化发展

（一）学科交叉的融合

在新媒体时代，职业院校的文化育人目标需要适应社会发展的需求，尤其是学科交叉的融合。学科交叉的融合不仅是现代教育发展的趋势，也是培养学生综合素质的重要途径。在职业院校中，学科交叉的融合可以通过多种方式实现，如跨学科的课程设计、项目式学习等方式，这些方式不仅可以促进学生综合素质的提升，还能培养学生在实践中运用多学科知识的能力。职业院校应积极探索学科交叉的融合路径，以此推动文化育人目标的多元化发展。

跨学科课程设计在职业院校中显得尤为重要。通过跨学科课程设计，学生能够接触不同学科的知识，拓宽他们的视野，并且能够在不同学科的交叉点上

找到解决实际问题的方法。这种课程设计不仅能够促进学生综合素质的提升，还能够帮助学生在面对复杂问题时，运用多学科的知识进行分析和解决。跨学科课程设计的必要性在于，它能够为学生提供一个综合性的学习平台，使他们在学习过程中不断提升自身的综合能力。

项目式学习是一种有效的教学方式，可以增强学生在实践中运用多学科知识的能力。在职业院校中，通过项目式学习，学生可以在真实的项目中运用所学的多学科知识，解决实际问题。这种学习方式不仅能够提高学生的实践能力，还能够培养他们的团队合作精神和创新能力。项目式学习强调学生在实践中学习，通过不断地尝试和探索，学生能够将理论知识与实践经验相结合，从而提升自身的综合素质。

新媒体技术的应用为职业院校文化育人提供了新的可能性。通过构建虚拟实验室，学生可以在虚拟环境中进行多学科的协作学习。这种学习方式不仅打破了传统教学的时间和空间限制，还能提供更加丰富的学习资源和互动体验。虚拟实验室的构建使得学生能够在一个安全的环境中进行实验和探索，促进多学科知识的融合和应用，提升学生的学习效果。

跨学科的文化活动是激发学生创造力与团队合作精神的重要途径。在职业院校中，开展跨学科的文化活动，可以为学生提供一个展示自我、交流思想的平台。这些活动不仅能够激发学生的创造力，还能够培养他们的团队合作精神。在活动中，学生可以通过与不同学科背景的同学合作，学习如何从不同的角度思考问题，提升自身的综合能力。

（二）个性化教育的推进

在新媒体时代，职业院校文化育人的理念正经历着深刻的变革，其中个性化教育的推进成为重要的方向。个性化教育的核心在于根据学生的兴趣和学习风格，制订出适合他们的学习计划。这种方法不仅尊重了学生的个体差异，还确保了每个学生都能在适合自己的节奏下学习，从而提升学习效果。通过这种方式，职业院校能够更好地满足学生的多样化需求，促进其全面发展。

数据分析工具的运用在个性化教育中扮演着至关重要的角色。通过对学生学习进度和表现的跟踪，教育者可以及时调整个性化教育策略，以便更好地满足学生的需求。这种数据驱动的方法使得教育者能够更加精准地识别学生的优势和不足，从而提供更具针对性的指导和支持。这不仅提高了教学的有效性，也增强了学生在学习过程中的参与感和认同感。

多样化的学习资源和选择是个性化教育的重要组成部分。职业院校可以通过提供丰富的在线课程、实践项目和自主学习材料，来促进学生自主学习的灵活性。这种多样化的学习方式不仅拓宽了学生的知识面，还培养了他们的自我学习能力和创新思维。在线课程的便捷性和实践项目的实用性相结合，使得学生能够在理论与实践的结合中获得更深刻的理解和体验。

在个性化教育中，鼓励学生设定个人学习目标是培养其自我管理能力和责任感的有效途径。通过设定明确的学习目标，学生能够更加主动地规划和管理自己的学习过程，从而增强学习的主动性与积极性。这种自我导向的学习方式不仅提高了学生的学习效率，也增强了他们的自信心和成就感，为未来的职业发展奠定了坚实的基础。

（三）社会责任感的增强

在新媒体时代，职业院校文化育人的目标正朝着多元化方向发展，其中社会责任感的增强是一个重要方面。社会责任感不仅是个人道德修养的体现，更是推动社会进步的重要力量。通过组织各种志愿服务和公益活动，职业院校可以有效地鼓励学生积极参与社会实践。这些活动不仅有助于培养学生的服务意识和责任感，还能让他们在实践中体会到帮助他人的快乐和成就感。这种实地的社会参与为学生提供了一个真实的学习平台，使他们在服务他人中提升自我价值。

引导学生参与社会调研项目也是增强社会责任感的有效途径。这些项目可以帮助学生提升对社会问题的敏感性和分析能力，促使他们深入思考社会责任的内涵。在调研过程中，学生不仅要观察和记录，还需要进行深入的思考和分析。这种调研活动不仅提高了学生的学术能力和实践能力，还培养了他们对社会问题的责任意识和解决问题的能力。通过这种方式，学生能够更好地理解社会运作的复杂性，并在未来的职业生涯中承担起更大的社会责任。

新媒体平台的普及为社会责任感的培养提供了新的契机。利用这些平台，职业院校可以开展社会责任主题的线上讨论和分享活动，增强学生的参与感和互动性。这种线上活动不仅突破了时间和空间的限制，还为学生提供了一个开放的交流平台。在这个平台上，学生可以自由地表达自己的观点，分享自己的经验，从而在互动中深化对社会责任的理解。这种新媒体环境下的交流与互动，不仅丰富了学生的学习体验，也为他们提供了更多的思考空间。

四、新媒体技术对文化育人目标实现的支持

（一）在线学习平台的应用

在线学习平台的应用在新媒体时代的职业院校文化育人中扮演着至关重要的角色。其提供的灵活学习时间安排，使学生能够根据个人的生活和学习节奏选择适合的学习时段。这种灵活性不仅提高了学生的学习效率，还增强了他们的自主学习能力。在传统教学模式中，学生通常被固定的时间表所限制，而在线学习平台打破了这一限制，为学生提供了更多的学习选择和自由。

在线学习平台集成了多种教学资源，包括视频、文档和互动练习，可以满足不同学生的学习需求和风格。这种多样化的资源配置，使得学生可以根据自己的兴趣和学习习惯选择适合的学习材料，从而提高学习的积极性和效果。对于职业院校的学生而言，这种资源的多样性尤为重要，因为他们的学习内容通常涉及实践技能和理论知识的结合。

在线学习平台支持实时互动功能，如在线讨论和问答，极大地增强了师生之间的沟通与反馈。这种实时互动不仅有助于解决学生在学习过程中遇到的疑问，还能够促进师生之间的情感交流，提升学生的学习体验。在新媒体时代，实时互动功能的运用使得文化育人的目标更加立体化和具体化，为职业院校的教育实践注入了新的活力。

在线学习平台还可以根据学生的学习进度和表现，提供个性化的学习建议和资源推荐。这种个性化的学习支持，有助于学生更有针对性地进行学习，提高学习效率和效果。通过对学生学习数据的分析，教师能够更好地了解学生的学习习惯和效果，从而优化教学策略。这种数据驱动的教学模式，为职业院校的文化育人提供了科学的支持。

（二）虚拟现实技术的引入

在新媒体时代，职业院校的文化育人理念正经历着深刻的变革，虚拟现实技术的引入成为这一变革的重要推动力。虚拟现实技术为职业院校提供了前所未有的沉浸式学习体验，学生可以在高度模拟的环境中进行实践操作，这不仅提升了他们的职业技能，还增强了应用能力。通过应用这种技术，学生能够在

一个安全且可控的虚拟环境中反复练习，直至掌握所需技能。这种学习方式的优势在于，它能够减少实际操作中的风险和成本，同时为学生提供更多的实践机会，确保他们在进入职场前具备足够的实操经验。

职业院校借助虚拟现实技术，可以创建复杂的工作场景，让学生在接近真实的环境中进行学习。这种沉浸式的学习方式不仅提高了学生对知识的理解和记忆，还帮助他们更好地将理论知识应用于实践。虚拟现实技术的应用使得抽象的概念变得具体可感，学生能够在虚拟环境中进行实验和探究，从而加深对所学内容的理解。这种教学方法的革新，使得职业教育不再局限于传统的课堂讲授，而是通过科技手段实现更高效的知识传递和技能培养。

虚拟现实技术支持跨学科的学习，学生可以在虚拟环境中整合不同学科的知识，促进多元化的思维方式和创新能力。这种技术的应用打破了学科之间的壁垒，学生能够在虚拟世界中进行跨学科的项目合作，培养他们的团队合作精神和创新思维。这种综合性的学习体验，使得学生能够从多个角度分析问题，提出创新性的解决方案，从而为他们未来的职业发展奠定坚实的基础。

利用虚拟现实技术，职业院校还可以开展远程实训项目，使无法到校的学生也能参与实践学习，增强教育资源的可及性。这种远程教学模式的出现，为偏远地区和有特殊需求的学生提供了更多的学习机会，打破了时间和空间的限制。学生可以通过虚拟现实技术参与与在校生同样的实训项目，确保他们获得相同的学习资源和实践机会。这一技术的应用，不仅提高了教育的公平性，也为职业院校的教育模式创新提供了新的思路。

（三）社交媒体的互动

社交媒体在新媒体时代成为职业院校文化育人的重要工具之一。其互动性不仅改变了信息传播的方式，还为文化育人的目标实现提供了强有力的支持。社交媒体作为信息传播的主要渠道，能够有效增强职业院校文化活动的可见性和影响力。通过社交媒体的广泛覆盖，职业院校的文化活动可以吸引更多的学生参与，从而扩大活动的受众面，提高文化育人的效果。这种广泛的参与不仅有助于提升学生的文化素养，还能促进他们对学校活动的认同感和归属感。

职业院校可以通过社交媒体平台，实时分享学生的创作和活动成果。这种即时分享不仅提升了学生的自信心和成就感，还为学生提供了一个展示自我的平台。通过分享个人的创作，学生能够获得来自同伴和教师的反馈，从而激励他们不断进步。此外，这种分享机制也使学生的优秀作品得以广泛传播，进而激发其他学生的创作热情和参与积极性，从而在全校范围内形成良好的文化氛围。

社交媒体的互动功能为学生提供了一个开放的讨论和反馈平台。在这个平台上，学生可以就文化活动的内容和形式进行讨论，提出自己的见解和建议。这种互动不仅促进了师生之间的沟通与理解，还增强了教育效果。通过与教师和同学的互动，学生能够在交流中加深对文化活动的理解，提升自身的文化素养。同时，教师也可以通过学生的反馈，及时调整文化活动的内容和形式，以便更好地满足学生的需求和兴趣。

利用社交媒体，职业院校可以开展线上文化活动和竞赛。这种形式的活动不仅突破了时间和空间的限制，还能够激发学生的创造力和参与热情。通过参与线上活动，学生可以在轻松愉快的氛围中提升自己的文化素养，丰富校园文化生活。此外，线上活动的形式多样，内容丰富，可以满足不同学生的兴趣和需求，从而吸引更多的学生参与，增强校园文化的吸引力和影响力。

第二章 新媒体时代职业院校文化育人载体夯筑

第一节 新媒体时代职业院校文化育人平台建设

一、数字化学习平台的构建与应用

（一）平台架构设计

数字化学习平台的架构设计是其有效运作的基础。一个良好的平台架构应具备高度的灵活性和可扩展性，以适应不断变化的教育需求和技术发展。通过模块化的设计，平台可以方便地进行功能扩展和升级，确保能够支持多样化的教学模式和学习活动。此外，平台架构还需要充分考虑系统的稳定性和可靠性，确保在高并发访问的情况下依然能够平稳运行。通过合理的架构设计，数字化学习平台能够为职业院校的文化育人提供有力的技术支撑。

用户体验设计在数字化学习平台中扮演着关键角色。一个优秀的用户体验设计不仅需要考虑界面的美观性，还需要关注用户的使用便捷性和交互流畅度。通过直观的导航和清晰的界面布局，用户可以轻松找到所需的学习资源和功能模块。同时，用户体验设计还应充分考虑不同用户群体的需求，包括教师、学生和管理人员，以提供个性化的使用体验。良好的用户体验设计能够提高学习者的参与度和满意度，从而提升整体的教育效果。

内容管理系统是数字化学习平台的核心组成部分之一。它负责组织、存储和分发各种学习资源，包括文本、音频、视频等多种媒体形式。一个高效的内容管理系统应具备强大的搜索和分类功能，帮助用户快速定位所需的学习材料。此外，系统还需要支持内容的动态更新和版本管理，以确保学习资源的时效性和准确性。通过优化内容管理系统，职业院校可以更好地实现文化育人的目标，促进知识的传播与共享。

互动功能与社交网络的整合是数字化学习平台的重要特色之一。通过在线讨论区、即时通信工具和虚拟课堂等互动功能，学习者可以在平台上进行实时交流与协作，增强学习的互动性和参与感。此外，将社交网络功能整合到学习平台中，可以促进学习者之间的社交互动，形成学习共同体，增强学习的动力和归属感。这种互动与整合的设计，不仅丰富了学习体验，还为职业院校的文化育人提供了新的途径和方法。

数据分析与反馈机制是提升数字化学习平台效果的重要手段。通过对学习行为和学习成果的数据分析，平台可以为教师和学生提供个性化的反馈和指导，帮助他们更好地调整教学和学习策略。数据分析还可以识别学习过程中的问题和瓶颈，提供改进的依据和方向。此外，及时有效的反馈机制能够激发学习者的自主学习能力，提高学习效果和效率。通过数据驱动的方式，职业院校可以实现更为精准和科学的文化育人。

（二）教学资源整合

在新媒体时代，职业院校的教学资源整合已成为提升教育质量和学生职业素养的关键环节。多元化教学资源的开发与整合是实现这一目标的重要策略。通过整合视频、音频、图文等多种形式的教学资源，职业院校能够满足不同学习者的需求，提供更加个性化和灵活的学习体验。这种多样化的资源形式不仅丰富了教学内容，还激发了学生的学习兴趣，促进了自主学习能力的提升。通过对这些资源的有效整合，职业院校在新媒体时代的文化育人中能够更好地实现教育目标。

为了确保教学资源的实用性和前沿性，职业院校应积极引入行业专家参与教学资源的开发。行业专家的参与能够为教学内容注入最新的行业动态和实践经验，使学生在学习过程中能够接触真实的行业案例和前沿技术。这种实践导向的教学资源开发模式，有助于提升学生的职业素养和就业竞争力，为学生未来的职业发展奠定坚实的基础。在新媒体时代，行业与教育的深度融合已成为职业院校文化育人的重要趋势。

新媒体技术的迅猛发展为教学资源的动态更新与维护提供了可能。职业院校可以利用这些技术手段，确保教学内容始终与行业发展保持同步。通过实时更新教学资源，院校能够及时反映行业的最新变化和趋势，使学生在学习过程中始终站在知识的前沿。这种动态更新机制不仅提升了教学资源的时效性和实用性，还增强了学生的学习体验和效果，进一步推动了职业院校文化育人的创新实践。

构建以学生为中心的资源使用评价体系是教学资源整合的重要环节。通过鼓励学生对教学资源的使用效果进行反馈与建议，职业院校能够不断完善和改进教学资源，提升教育质量。这种以学生为中心的评价体系，不仅促进了资源的持续改进，还增强了学生的参与感和责任感，使他们在学习过程中更加主动和积极。

（三）用户体验优化

用户体验优化是数字化学习平台成功与否的关键因素。在设计和应用过程中，用户界面的简洁性与直观性尤为重要。这不仅有助于用户快速上手，还能确保用户在使用平台时能够迅速找到所需功能，从而提高学习效率。在新媒体时代，复杂的界面设计可能会导致用户的困惑和挫败感，因此界面设计需要以用户为中心，强调功能的便捷性和可访问性。

个性化学习路径的设计是数字化学习平台的一大亮点。通过分析学生的学习进度和兴趣，平台可以为每个学生提供定制化的学习建议。这种个性化的学习方式不仅能满足学生的个体需求，还能激发他们的学习兴趣和动力。通过大数据和人工智能技术，平台能够动态调整学习内容和进度，帮助学生更有效地掌握知识。

反馈机制的多样化是提升学生参与度和优化平台功能的重要手段。通过评论、评分和问卷等多种方式，学生可以表达对学习内容和平台的看法。这种多元化的反馈机制不仅有助于平台运营者及时发现问题，进行改进，还能增强学生的参与感和责任感，促进他们积极参与学习过程。

移动端适配与优化是确保学生在不同设备上均能获得良好学习体验的必要条件。在新媒体时代，学生往往使用多种设备进行学习，因此平台在设计时需考虑到不同设备的适配问题。无论是在手机、平板，还是电脑上，学生都应能获得一致且优质的学习体验，这对提高学习的灵活性和便利性具有重要意义。

二、社交媒体在文化育人中的角色

（一）文化内容传播

社交媒体在现代职业院校的文化育人中扮演着重要角色，尤其是在文化内容的传播方面具有显著优势。社交媒体作为一种快速高效的传播载体，可以迅速将职业院校的文化活动和理念传播给更广泛的受众群体。这种传播方式不仅提升了学校的知名度和影响力，还为校内外的交流搭建了桥梁。通过社交媒体平台，职业院校能够更有效地向公众展示其独特的文化价值和教育理念，从而吸引更多的关注和支持。

在职业院校的文化育人过程中，社交媒体发布与职业教育相关的文化内容，能够显著增强学生的认同感和归属感。通过这些平台，学生可以更深入地了解学校的历史、传统和价值观，从而在情感上与学校产生更紧密的联系。这种认同感的增强，不仅有助于促进校园文化的形成与发展，还能激发学生的自豪感和积极性，使他们更加积极地投入到学校的各项活动中。

社交媒体的互动特性为师生之间的沟通提供了便捷的渠道，促进了文化育人的双向交流与反馈。通过这些平台，教师和学生可以就文化活动、教育理念等进行实时的讨论和分享，从而营造出一种开放、包容的学习氛围。这种互动不仅有助于教师及时了解学生的需求和反馈，还能激发学生的创造力和参与热情，促进教学相长和文化传承。

利用社交媒体平台进行文化活动的宣传和推广，可以有效吸引更多的学生参与，增强校园文化活动的活力与吸引力。通过社交媒体，学校可以发布活动预告、精彩瞬间和活动总结等内容，使学生对活动产生浓厚的兴趣。同时，社交媒体的分享功能也使得活动信息能够迅速扩散，吸引校外人士的关注和参与，从而扩大活动的影响力和覆盖面。

（二）学生互动促进

社交媒体平台为学生提供了一个多元化的互动空间，促进学生之间的交流与合作，增强团队合作能力。在新媒体时代，社交媒体已成为职业院校学生日常生活中不可或缺的一部分。通过这些平台，学生能够突破时间和空间的限制，随时随地进行沟通和交流。这种多元化的互动空间不仅丰富了学生的社交生活，还为他们提供了更多的合作机会。在团队项目中，学生可以通过社交媒体进行任务分配和进度跟踪，从而提高团队合作的效率和效果。

通过社交媒体，学生可以分享学习经验与资源，形成学习共同体，从而提升学习效果与文化认同感。社交媒体的共享功能使得学生能够方便地分享课件、笔记以及其他学习资源，促进知识的传播和共享。在这样的环境中，学生不仅是知识的接受者，也是知识的传播者，这种互动模式有助于形成一个充满学习氛围的共同体。此外，学生在分享学习资源的过程中，还能够增强对学校文化的认同感，形成一种集体归属感，这对文化育人的长远发展具有积极意义。

社交媒体的实时性使得学生能够及时参与校园活动的讨论，增强对校园文化的参与感与归属感。通过社交媒体，学校可以及时发布校园活动的相关信息，学生也可以实时参与讨论和互动。这种即时性和便利性使得学生不仅是活动的参与者，并且是活动的策划者和推动者。学生在参与讨论的过程中，不仅能够表达自己的观点，还能倾听他人的意见，形成多元的思维视角。这种参与感和归属感的增强，有助于学生更好地融入校园文化，提升文化育人的效果。

利用社交媒体开展在线活动与竞赛，激发学生的创造力与积极性，促进文化育人的活跃氛围。社交媒体的互动性和广泛覆盖面为学校组织各类在线活动和竞赛提供了可能。这些活动不仅能够激发学生的创造力和积极性，还能增强他们的竞争意识和团队精神。在参与这些活动的过程中，学生能够运用所学知识解决实际问题，提升综合素质。此外，通过社交媒体平台的展示，学生的优秀作品和成果能够被更多人看到，进一步激发他们的学习热情。

（三）社群文化建设

社群文化建设在职业院校中扮演着至关重要的角色。社群文化的构建不仅仅是一个简单的集体活动，而是通过共同的兴趣和目标，促进学生身份认同的重要途径。职业院校的学生来自不同的背景，通过社群文化的纽带，他们能够增强对院校的归属感。这种归属感不仅有助于学生在学业上的坚持，也提升了他们在职业生涯中的忠诚度和责任感。社群文化的建设因此成为职业院校文化育人的核心策略之一。

在社群文化中，文化活动和交流是不可或缺的组成部分。这些活动不仅提供了一个平台，让学生可以自由地探索和表达自我，还激发了他们的创造力。通过参与社群的各种活动，学生们能够在实践中应用所学知识，培养解决问题的能力和创新思维。在这个过程中，学生们的自信心得以提升，他们的潜力也被充分发掘。这种实践性的学习方式在新媒体时代显得尤为重要，因为它能够更好地适应快速变化的社会需求。

社群文化为学生提供了一个支持性环境，促进心理健康和情感交流。现代学生面临的压力与日俱增，社群文化的存在为他们提供了一个可以倾诉和获得支持的渠道。在社群中，学生们能够分享彼此的经验和感受，形成一种互助互爱的氛围。这种情感上的支持增强了学生的社会适应能力，使他们能够更好地应对学业和生活中的挑战。职业院校通过社群文化的建设，关注学生的全面发展，而不仅仅是学术上的成功。

通过社群文化的建设，职业院校可以形成良好的学术氛围。社群提供了一个开放的空间，鼓励学生积极参与学术讨论和知识分享。这种氛围下，学生们更愿意探索新的知识领域，挑战自我极限，追求卓越。职业院校可以通过组织讲座、研讨会和工作坊等活动，进一步丰富社群文化的内涵。这种积极的学术氛围不仅提升了学生的学习动力，也有助于培养他们的批判性思维能力和团队合作精神。

三、在线社区的互动与文化传播

（一）互动机制设计

互动机制设计在职业院校的在线社区中扮演着关键角色。其核心在于通过多层次的交流渠道来满足不同用户的沟通需求，从而提升参与感。通过设计灵活的交流方式，如实时聊天、论坛讨论、视频会议等，在线社区能够为用户提供丰富的互动体验，帮助他们在多样化的沟通环境中找到适合自己的表达方式。这种多样化的互动机制，不仅能够吸引更多用户参与，还能促进他们之间的深度交流，增强社区的凝聚力和文化认同感。

为了进一步提升社区的活跃度，建立激励机制是必不可少的。通过积分、徽章等方式，社区可以有效地鼓励用户积极参与互动。积分制度可以根据用户的参与频率、贡献质量等进行奖励，而徽章则可以作为用户成就的象征，激发他们的参与热情。这种激励机制不仅能够提升用户的参与积极性，还能增强他们的归属感和荣誉感，使得社区氛围更加积极向上。

设计定期的主题讨论和活动也是增强社区互动的重要策略。通过围绕特定话题组织讨论和活动，社区能够引导用户进行深入交流，分享各自的见解和经验。这种主题活动不仅能够丰富社区的内容，还能够帮助用户在交流中加深对特定文化或价值观的认同。同时，定期的活动也能为用户提供一个展示自我和学习他人的平台，进一步提升他们的参与感和文化认同感。

用户反馈机制的引入是优化互动体验和内容质量的重要手段。通过及时收集和处理用户的意见与建议，社区能够不断完善自身的功能和内容，提升用户的满意度。用户反馈机制不仅能够帮助社区了解用户的真实需求，还能为社区的发展提供宝贵的参考依据。通过与用户的持续互动，社区能够在不断改进中实现良性循环，提升整体的互动体验。

（二）文化内容分享

文化内容分享在职业院校的文化育人中扮演着重要角色。通过在线社区平台，职业院校可以定期发布与文化育人相关的文章、视频和音频内容。这些内容不仅可以丰富学生的文化知识，还能帮助他们树立正确的价值观。新媒体技术的应用使得这些文化资源的传播更加便捷，学生可以随时随地进行学习和交流。通过这种方式，学校能够在潜移默化中影响学生的文化素养，帮助他们在多元文化的背景下形成自己的文化认同。

在线社区平台也为学生提供了一个分享个人学习和成长故事的空间。这种分享不仅能够增强学生的文化认同感和归属感，还能促进同学间的相互理解与支持。在一个多元化的学习环境中，学生通过分享自己的故事，可以展示个人的文化背景和成长历程，从而激发他人的思考和共鸣。这种互动不仅丰富了校园文化，也为学生提供了一个展示自我和学习他人的机会，进一步促进了校园内的文化交流与融合。

职业院校可以利用在线社区的功能，组织文化主题的分享会或讲座，邀请行业专家或校友分享经验。这些活动能够提升学生的职业素养和文化视野，使他们在学习过程中不断拓宽知识面。通过与行业专家的交流，学生能够了解当前行业的发展动态和未来趋势，从而更好地规划自己的职业发展路径。同时，校友的经验分享也能为学生提供现实的指导和借鉴，帮助他们在职业生涯中少走弯路。

为了保证文化内容分享的质量，建立一个有效的评价机制是必要的。通过鼓励学生对分享的内容进行评论和评分，学校可以及时获取学生的反馈信息，从而不断优化和提升内容的质量。这种评价机制不仅能够激励学生积极参与文化内容的创作和分享，还能促进他们的批判性思维和表达能力的发展。在评价的过程中，学生也能学习到如何客观地分析和评价他人的作品，这对他们的综合素养提升具有重要意义。

（三）社区管理策略

社区管理策略在新媒体时代的职业院校文化育人中扮演着至关重要的角色。建立明确的社区管理规范与制度是确保社区互动秩序和安全的基石。通过制定详细的规则，社区能够维护良好的交流氛围，使用户在参与的过程中感受到安全和尊重。这不仅有助于防止不当行为和信息的传播，还能促进积极的互动和文化交流。为了实现这一目标，制度的制定需要考虑多方面的因素，包括用户的多样性和社区的文化背景，以确保其适用性和有效性。

定期进行社区活动的评估与反馈是优化活动内容和形式的关键步骤。通过收集用户对活动的意见和建议，社区管理者可以更好地了解用户的需求和期望。这种评估机制不仅可以帮助识别活动中的不足之处，还能为未来的活动提供改进方向。反馈的收集可以通过问卷调查、在线讨论或直接沟通等多种方式进行，确保信息的全面性和准确性。在此过程中，管理者应保持开放的态度，积极倾听用户的声音，以便在社区建设中不断创新和进步。

设立专门的社区管理团队是确保社区活动持续性与专业性的必要条件。一个高效的管理团队不仅需要负责日常运营和用户支持，还需要进行内容审核，以保证社区信息的质量和可靠性。团队成员应具备良好的沟通能力和专业知识，能够及时解决用户问题，并在必要时提供指导和帮助。通过专业化的管理，社区可以为用户提供更为优质的体验，增强其对社区的信任感和依赖性，从而促进更深层次的文化传播。

利用数据分析工具监测社区活跃度和用户参与情况，可以为管理策略的调整提供科学依据。通过对用户行为数据的分析，管理者能够及时发现社区发展中的问题，并采取相应的措施进行调整。这种数据驱动的管理方式不仅提高了管理的效率，还能更好地满足用户的需求。在新媒体时代，数据分析已成为社区管理中不可或缺的一部分，帮助管理者在复杂的网络环境中做出明智的决策。

第二节 新媒体时代职业院校文化育人资源开发

一、数字化教学资源的整合与应用

（一）资源整合策略

在新媒体时代，职业院校的文化育人需要通过有效的资源整合策略来提升教育质量。资源整合策略的核心在于建立多元化的资源库，整合视频、音频、图文等多种形式的教学资源。这种多样化的资源形式不仅能够满足学生不同的学习需求和风格，还能激发学生的学习兴趣和主动性。通过多元化资源的整合，学生可以根据自己的学习习惯选择最适合的学习方式，从而提高学习效率和效果。此外，这种资源整合策略也为教师提供了丰富的教学素材，帮助他们设计更具吸引力和互动性的课程内容。

为了确保教学内容的实用性和行业前沿性，引入行业专家和企业合作伙伴参与资源开发是资源整合策略的重要组成部分。行业专家能够提供最新的行业动态和专业知识，而企业合作伙伴则能够提供实际的行业案例和实践经验。这种合作不仅能够提升学生的职业技能，还能够帮助学生更好地了解行业需求和发展趋势。在资源开发过程中，行业专家和企业合作伙伴的参与能够确保教学资源的内容与行业发展保持一致，从而增强教学的实用性和针对性。

利用新媒体技术实现教学资源的动态更新，是资源整合策略的另一个重要方面。新媒体技术的应用能够使教学资源的更新更加便捷和高效，确保资源内容与行业发展同步。动态更新不仅能够使学生及时获取最新的行业信息，还能够帮助教师不断优化教学内容，以适应行业的变化和发展。通过动态更新，教学资源能够保持其时效性和相关性，从而为学生提供更具价值的学习体验。

构建以学生为中心的资源评价体系，是资源整合策略的关键环节。该体系鼓励学生对教学资源的使用效果进行反馈，从而促进资源的持续改进与优化。通过学生反馈，教育者可以了解资源在实际应用中的优缺点，并根据反馈进行调整和改进。学生的参与不仅能够提升资源的质量，还能够增强学生的学习参与感和责任感。

（二）应用效果评估

在新媒体时代，职业院校的文化育人策略中，数字化教学资源的整合与应用效果评估显得尤为重要。应用效果评估是确保这些资源能够有效促进学生学习和发展的关键环节。通过建立定期的资源使用反馈机制，职业院校可以通过问卷调查和访谈的方式，收集学生对数字化教学资源的满意度和使用体验。这一过程不仅能提供宝贵的第一手数据，还能帮助教育工作者及时调整和优化资源内容，以满足学生的实际需求。反馈机制的实施，使得教学资源的开发和应用能够在动态中不断完善，确保其在快速变化的教育环境中保持高效和相关性。

实施数据分析工具是另一项重要的措施，能够监测学生在数字化平台上的学习行为和成绩变化。通过这些工具，教育工作者可以评估不同类型资源对学习效果的影响，为后续资源开发提供科学依据。数据分析不仅可以揭示学生在使用数字化资源时的学习轨迹，还能帮助识别哪些资源对学生的学习成效最为显著。这种基于数据的评估方法，为资源的优化和创新提供了坚实的基础，使得职业院校能够在资源开发中更加精准地满足学生的多样化需求。

开展教学效果的对比研究，也是评估数字化教学资源应用效果的有效手段。通过分析使用数字化教学资源与传统教学方式在学生学习成绩、参与度和职业素养提升方面的差异，教育工作者可以更好地理解数字化资源的优劣势。这种对比研究不仅能够揭示数字化资源在不同教学情境中的实际效果，还能为职业院校在教学策略上的决策提供实证支持。通过对比分析，院校可以更清晰地识别出哪些教学方式能够更有效地促进学生的全面发展。

二、多媒体课程内容的设计与优化

（一）设计原则

多媒体课程内容的设计原则在新媒体时代尤为重要。首先，课程设计应注重学习者的参与感，这不仅能提高学生的学习兴趣，还能激发他们的主动性。通过引入互动元素，如在线讨论、实时反馈和模拟实验等，学生能够在学习过程中更加积极地参与，进而增强知识的内化与应用能力。这种互动性设计不仅是技术上的创新，更是教育理念的革新，强调学习者在教育过程中的主体地位。

课程内容的设计必须切合职业教育的实际需求。职业院校的目标是培养学生的实用技能和应用能力，因此课程设计应紧密围绕行业标准和职业要求。通过分析行业动态和市场需求，课程内容应不断更新和优化，以确保学生所学知识能够在未来的职业发展中得到有效应用。这种实用性不仅体现在课程内容本身，更体现在教学目标和学习成果的设定上，确保学生在毕业后能够迅速适应职场环境。

在设计过程中，考虑不同学习风格的学生是提升学习效果的重要因素。由于学生的学习风格各异，提供多样化的学习资源和路径显得尤为必要。通过多元化的教学媒介，如视频、音频、文本和互动软件，课程能够满足不同学生的学习需求，促进个性化学习。这种多样化设计不仅尊重学生的个体差异，也为他们提供了更多的学习选择，进而提升整体的学习效果和效率。

（二）优化方法

优化方法在多媒体课程内容的设计中起着至关重要的作用。通过科学的方法，职业院校可以有效提升教学质量和学生的学习体验。利用数据分析工具定期评估学生的学习进度和参与度，是优化课程内容的关键步骤之一。通过分析学生的学习数据，教师可以识别出哪些内容或教学策略需要调整，以确保资源的有效性和相关性。这种数据驱动的评估方式不仅能够帮助教师及时发现问题，还能为课程的持续改进提供科学依据，从而提高学生的学习效果和满意度。

引入用户参与机制是增强课程内容适应性和吸引力的有效策略。通过鼓励学生在课程设计过程中提供反馈和建议，职业院校可以更好地满足学生的学习需求。学生的反馈有助于识别课程中的不足，并为课程的改进提供参考。通过这种方式，课程设计不仅能够更加贴合学生的实际需求，还能激发学生的学习兴趣和主动性。用户参与机制不仅是课程优化的手段，更是培养学生批判性思维和创新能力的重要途径。

结合游戏化设计元素是提升学生参与度和学习动机的创新方法。通过创建趣味性和挑战性的学习任务，课程不仅能够吸引学生的注意力，还能激发他们的学习动力。游戏化设计能够将学习过程转化为一种积极的体验，使学生在享受乐趣的同时深入理解知识。职业院校可以通过引入积分、奖励和竞争等元素，使学习过程更加生动有趣，从而提高学生的参与度和知识掌握程度。

定期组织教师培训和交流活动是提升教师多媒体教学工具使用能力和创新意识的重要措施。通过培训，教师可以掌握最新的多媒体技术和教学方法，从而优化课程内容的呈现方式和效果。交流活动为教师提供了一个分享经验和学习新知识的平台，有助于促进教师之间的合作与创新。

三、在线学习平台的资源共享机制

（一）共享模式

共享模式在新媒体时代的职业院校文化育人中扮演着至关重要的角色。通过建立高效的资源共享平台，不仅可以实现职业院校间的教学资源互通，还能大幅提升教育资源的利用效率。共享模式的核心在于打破传统教育资源的封闭性，推动资源的开放和共享，使得更多的学生和教师能够受益于优质的教育资源。通过这种模式，职业院校能够在资源有限的情况下，最大化地利用现有资源，提升教育质量和教学效果。这种共享模式不仅有助于资源的优化配置，还能促进职业院校之间的合作与交流，形成良好的教育生态。

为了实现资源共享的目标，建立资源共享平台是关键的一步。这样的平台可以集成各类教学资源，包括课程视频、教材、课件等，供职业院校的师生随时随地访问和使用。通过这些平台，职业院校可以实现资源的高效流通，减少重复建设和资源浪费。此外，资源共享平台还可以通过大数据分析技术，精准地匹配学生的学习需求，为学生提供个性化的学习资源和建议。这种基于数据驱动的资源共享方式，不仅提高了教育资源的利用效率，也为教育的个性化和精准化提供了可能。

在资源共享机制中，引入行业企业的参与是确保教育内容实用性和前瞻性的重要策略。行业企业作为职业教育的重要利益相关者，能够为资源共享提供实用的行业知识和最新的行业动态。通过与行业企业的合作，职业院校可以将企业的实际需求和行业发展趋势融入教学资源，增强学生的职业适应能力。企业参与不仅提升了教育内容的实用性，还为学生提供了更多的实践机会和职业发展路径。这种校企合作的资源共享模式，能够有效地缩短教育与产业之间的距离，推动职业教育的改革与创新。

利用社交媒体工具建立学习者社区，是增强学生之间互动与合作的有效途径。在新媒体时代，社交媒体已经成为学生日常生活的重要组成部分。通过社交媒体，职业院校可以为学生搭建一个开放的学习者社区，促进学生之间的交流与合作。在这样的社区中，学生可以分享学习经验、讨论学习问题、开展合作学习项目，增强学习的互动性和趣味性。

（二）访问权限管理

在在线学习平台的资源共享机制中，访问权限管理是确保信息安全与资源合理利用的关键环节。在职业院校中，建立分级访问权限体系显得尤为重要。根据用户的角色（如学生、教师、管理员）设定不同的资源访问权限，平台不仅能够保护敏感信息，还能促进资源的合理分配和使用。这种分级管理策略不仅提高了资源的利用效率，也为用户提供了一个安全的学习环境。在实施这一机制时，需要充分考虑每个角色的实际需求和权限范围，以确保资源的有效共享。

为保障平台的安全性，实施用户身份验证机制是必不可少的步骤。通过注册、登录等方式，平台能够有效确保只有授权用户可以访问特定的资源。这一过程不仅涉及技术层面的实现，还需关注用户体验，以便在保证安全性的同时，不影响用户的使用便捷性。身份验证机制的设计应当灵活，以适应不同的用户场景和需求，同时也要保持一定的严谨性，防止未经授权的访问。

定期审查和更新访问权限是确保资源管理持续有效的必要措施。随着用户角色的变化或资源的更新，访问权限需要及时调整，以维护资源的有效性和安全性。这一过程需要依托于完善的权限管理系统，能够自动识别和响应用户角色的变化。同时，管理者也应具备敏锐的洞察力，及时发现和解决权限管理中的潜在问题，从而避免资源滥用或泄露。

在权限管理中，提高透明度是增强用户信任感和参与度的重要手段。用户应当了解其当前的访问权限以及申请变更的流程，这不仅有助于提升用户对平台的信任，也能够激发其对资源管理的参与热情。通过建立清晰的权限管理流程，用户可以更好地理解和利用平台资源，从而提升整体的学习效果和体验。

四、校企合作资源的开发与利用

（一）合作模式创新

在新媒体时代，职业院校与企业的合作模式需要不断创新，以适应快速变化的行业需求。传统的校企合作模式往往局限于企业提供实习机会，而在新的教育环境中，需要更加紧密和多元化的合作方式。建立校企联合开发平台是合作模式创新的重要举措。这个平台可以促进职业院校与企业共同参与课程设计与教学资源开发，确保教育内容与行业需求紧密结合。通过这种联合开发，教育内容能够及时反映行业的最新动态和技术进步，使学生在校期间就能接触最前沿的行业知识和技能，为未来的职业发展奠定坚实的基础。

引入企业导师制度是合作模式创新的另一重要方面。邀请行业专家作为兼职教师参与职业院校的教学活动，不仅可以提升课程的实用性和前沿性，还能为学生提供第一手的行业经验和职业指导。企业导师能够将其丰富的实践经验和行业视角带入课堂，帮助学生更好地理解理论知识在实际工作中的应用。同时，企业导师还可以为学生提供职业规划建议和就业指导，帮助他们更好地适应职场环境，缩短从学校到职场的过渡期。

建立校企资源共享机制是合作模式创新的第三个重要方面。通过线上平台实现教学资源、实训设备和行业信息的互通，可以极大地提升教育资源的利用效率。职业院校可以通过共享机制获取企业的最新行业信息和设备，及时更新教学内容和实训设备，确保教学的实用性和先进性。企业也可以通过这一平台了解职业院校的教学情况和学生的学习进度，为人才选拔和招聘提供参考。这种资源共享机制不仅有助于提高教育质量，还能增强职业院校与企业之间的互动与合作，为双方创造更多的价值。

（二）资源利用效率

资源利用效率在新媒体时代的职业院校文化育人中扮演着至关重要的角色。有效的资源利用不仅提升了教育的质量，还能在有限的资源条件下实现更大的教育产出。职业院校通过合理配置和优化资源使用，能够更好地服务于学生的全面发展和职业适应能力的提升。在校企合作中，资源利用效率的提升需要从多个方面入手，包括资源的动态更新、共享平台的建立、企业深度参与课程设计以及资源使用情况的定期评估等。

在校企合作中资源的动态更新机制是确保教学内容与行业变化保持同步的关键。职业院校与企业的合作不仅仅是资源共享，更需要根据行业的发展趋势和市场需求，及时更新教学内容和资源。通过与企业的密切合作，职业院校可以获得最新的行业信息和技术动态，从而在教学中融入这些前沿知识。这种动态更新机制不仅提高了教育的时效性，还能使学生在学习过程中接触最新的行业实践，增强他们的就业竞争力和职业适应性。

建立共享平台是促进职业院校与企业间资源互通的重要手段。共享平台能够打破传统资源利用的局限，使得职业院校和企业能够在一个开放的环境中进行资源的交流与共享。这种资源互通不仅提升了教学资源的利用效率，还扩大了资源的覆盖面，能够为更多的学生提供优质的教育资源。通过共享平台，企业可以将其先进的设备、技术和管理经验引入职业院校的教学中，而职业院校也可以将其教学成果和研究资源反馈给企业，实现双赢。

引入企业参与课程设计是确保教学资源实用性的重要策略。企业作为行业的实践者，能够为职业院校提供最贴近市场需求的课程设计建议。通过企业的参与，职业院校可以开发出更加符合实际需求的课程内容，提升学生的职业适应能力和市场竞争力。企业的参与不仅可以体现在课程内容的设计上，还可以通过提供实习机会、案例分析等方式，增强学生的实际操作能力和职业素养。

第三节　新媒体时代职业院校文化建设技术迭代

一、数字化技术在文化建设中的应用

（一）数字资源整合

职业院校在新媒体时代面临着如何有效整合和利用数字资源的挑战。建立统一的数字资源管理平台是职业院校整合和共享各类教学资源的关键举措。这一平台不仅提升了资源的获取性和使用效率，还为教师和学生提供了更便捷的资源访问渠道。通过数字资源整合，职业院校能够更好地应对快速变化的教育需求，提供更高质量的教学内容和教育服务。

推动数字资源的标准化和规范化是确保资源在平台上无缝对接的基础。标准化的资源格式和规范化的管理流程使得不同类型的资源能够被教师和学生轻松使用，减少了因资源格式不兼容而导致的使用障碍。同时，标准化的资源管理也有助于职业院校在资源开发和更新过程中保持一致性和高效性。

云计算技术的应用为资源的存储与访问提供了强有力的支持。通过云计算，职业院校能够保障资源的安全性，并支持大规模用户的并发访问，满足多校区和跨学科的资源共享需求。云计算技术不仅提升了资源的存储效率，还为职业院校提供了灵活的资源访问方式，使得教师和学生能够随时随地获取所需的教学资源。

为了确保教学内容的时效性和相关性，职业院校需要开展数字资源的定期审查与更新机制。通过定期的审查和更新，职业院校能够及时调整教学内容，以适应快速变化的行业需求。这一机制不仅提高了教学内容的质量，还增强了职业院校在新媒体时代的竞争力和影响力。

建立跨校区和跨学科的资源共享网络是提升整体教育资源利用效率的重要手段。通过资源共享网络，职业院校之间能够加强合作与交流，互相借鉴和学习，提升教育资源的整体水平。这种合作模式不仅促进了职业院校的共同发展，也为学生提供了更丰富的学习资源和更广阔的学习空间。

（二）在线学习平台

在线学习平台在职业院校文化建设中扮演着至关重要的角色。它不仅提供了

灵活的课程安排功能，还允许学生根据个人时间和学习进度自主选择学习模块。这种灵活性极大地提升了学习的个性化体验，使学生能够在合适的时间以合适的节奏进行学习，从而更好地掌握知识。这种自主选择的学习模式也培养了学生的自我管理能力和自主学习能力，为其未来的职业发展奠定了坚实的基础。

为了进一步增强学习的互动性，在线学习平台应集成多种互动工具。例如，在线讨论区和实时问答功能可以促进师生之间的即时沟通与反馈。这些工具不仅有助于解决学生在学习过程中遇到的问题，还能激发学生的学习兴趣和参与热情。通过这种即时的互动，教师能够更好地了解学生的学习状态，并及时提供支持和指导，从而提高教学效果。

在线学习平台应提供丰富的学习分析工具。这些工具能够通过数据监测学生的学习行为和进度，帮助教师及时调整教学策略以适应学生的需求。例如，通过分析学生的学习数据，教师可以发现哪些模块学生掌握得较好，哪些模块需要加强，从而有针对性地进行教学调整。这种基于数据的教学策略不仅提高了教学的精准性，也提升了学生的学习效果。

平台的另一个重要功能是支持多种学习资源的上传与分享。包括视频、文档和测试题等多样化的资源，鼓励学生和教师共同参与资源的创建与更新。这种资源共享机制不仅丰富了学习内容，还促进了师生之间的协作和交流。通过共同参与资源的创建，学生能够更深入地理解学习内容，而教师也能从学生的反馈中获得新的教学灵感。

（三）数字化管理系统

数字化管理系统在职业院校文化建设中扮演着至关重要的角色。它不仅是信息化教学的核心工具，更是提升教学效率和管理水平的关键。一个高效的信息流转机制是数字化管理系统的基础，它确保教学资源、学生信息和反馈能够快速、准确地在各个部门之间传递。这种机制的存在，使得学校的各项工作能够在信息化的支持下更加流畅地进行，减少了信息传递过程中的误差和延迟，从而提升了整体的工作效率。

数字化管理系统应具备全面的数据分析功能。这一功能能够帮助教师和管理者实时监测学生的学习进度和参与情况。通过对数据的深入分析，教师可以及时了解学生的学习状态，发现学习中的问题，并据此调整教学策略。这种实时的反馈和调整机制，不仅有助于提高教学的针对性和有效性，也为学生提供了更加个性化的学习支持，促进了学生的全面发展。

在用户角色管理方面，数字化管理系统应支持多种用户角色的管理，包括学生、教师和管理员。通过明确的权限设置，不同用户可以根据其角色访问相应的功能和资源。这种多角色管理的模式，确保了系统的安全性和灵活性，同时也提升了用户的使用体验。对于教师和管理员而言，这种系统能够大大简化管理流程，提高工作效率。

二、虚拟现实技术与文化体验创新

（一）沉浸式学习环境

虚拟现实技术提供的沉浸式学习环境在职业教育中具有重要的应用价值。通过模拟真实的职业场景，学生能够在虚拟环境中进行实践操作，极大地增强了实际操作能力。这种技术不仅是简单的视听体验，而是通过多感官的刺激，使得学生在参与学习的过程中，能够更深入理解文化和职业知识。这种沉浸式体验有效地激发了学生的学习兴趣，使他们在学习过程中能够保持较高的专注度和参与度。

在虚拟现实环境中，角色扮演功能是一个重要的创新点。学生可以通过扮演不同的职业角色，体验不同职业的责任和团队协作的重要性。这种角色扮演不仅有助于学生理解职业的多样性和复杂性，还能增强其对职业责任的认知和对团队协作的理解。通过这种方式，学生能够在虚拟的环境中积累宝贵的职业经验，为将来的职业发展奠定坚实的基础。

沉浸式学习环境的另一个优势在于其实时反馈功能。学生在虚拟现实环境中进行操作时，系统能够实时反馈其操作表现。这种即时的反馈机制不仅能够促进学生对自身错误的及时纠正，还能够在教师的指导下进行针对性的学习，提高整体学习效果。此外，这种反馈机制也能帮助教师更好地了解学生的学习进度和困难之处，为个性化教学提供数据支持。

通过虚拟现实技术，学生能够在安全的环境中探索复杂的概念，这是传统教学方法难以实现的。虚拟现实技术降低了实验和实践中的风险，使学生能够在不必担心安全问题的情况下，专注于学习和探索。这种无风险的探索环境不仅提升了学生的学习信心，还鼓励他们在学习过程中进行创新和尝试，从而培养出更具创造力和实践能力的职业人才。

（二）虚拟校园导览

在新媒体时代，职业院校的文化育人策略不断创新，其中虚拟校园导览作为一种新兴的技术手段，正逐步成为文化体验创新的重要载体。虚拟校园导览利用沉浸式技术，为学生提供逼真的校园环境体验，使他们能够身临其境地感受学校的文化氛围。这种真实感不仅有助于增强学生对校园文化的认同感，还能使他们在虚拟环境中更好地理解和融入学校的价值观和传统。

虚拟校园导览的一个显著特点是高度的自主性。在这一平台上，学生可以根据自己的兴趣和需求，自主选择探索路径。这种自由选择的方式，不仅提升了学生的学习主动性，也增强了他们的参与感。在探索过程中，学生能够更加深入地了解校园的各个角落，发现平时未曾注意的细节，从而对学校的历史和文化有更全面的认识。这种自主探索的模式，极大地激发了学生的学习热情，使他们能够在轻松愉快的氛围中获得知识。

为了丰富虚拟校园导览的内容，技术开发者还结合了多种多媒体元素，如视频和音频解说。这些元素不仅为学生提供了丰富的视觉和听觉体验，也使得导览内容更加生动和有趣。通过这些多媒体资源，学生可以更清晰地了解校园的历史背景，感受学校在不同发展阶段的文化变迁。此外，音频解说还可以为学生提供实时的背景信息和深入的文化解读，帮助他们更好地理解校园的文化内涵。

互动功能的引入是虚拟校园导览的另一大亮点。在导览过程中，学生可以与虚拟环境中的元素进行互动，如点击查看建筑的历史信息，或者参与虚拟活动。这种互动不仅增强了学习的趣味性，也提高了学生的参与度。通过与虚拟环境的互动，学生能够更主动地获取信息，提升自己的学习效果。同时，这种互动体验也为学生提供了一个安全的试错空间，鼓励他们在探索中不断尝试和学习。

虚拟校园导览不仅对在校学生有重要意义，对职业院校的招生工作也具有积极的推动作用。通过这一技术，学校能够向潜在学生展示其独特的文化魅力和教育资源，提升学校的形象和吸引力。对于那些无法亲自到校参观的学生和家长，虚拟校园导览提供了一种便捷且高效的了解途径，使他们能够在短时间内对学校有一个全面的认识。

（三）互动式文化展示

互动式文化展示在新媒体时代的职业院校文化育人中扮演着重要角色。通过整合多媒体元素，如视频、音频和图像等，互动式文化展示不仅丰富了展示内容，还增强了学生的参与感和体验感。这种多感官的体验方式，使学生能够更直观地接触职业文化的精髓，从而激发他们的学习兴趣和探索欲望。在设计这些展示时，注重多媒体元素的协调与配合，以确保信息传递的清晰和有效。

通过虚拟现实技术创建沉浸式文化展示环境，是互动式文化展示的核心创新之一。这种技术能够模拟真实的职业场景，让学生在虚拟世界中进行互动和探索，从而深入理解和体验职业文化。这种沉浸式体验不仅提高了学生的学习效率，还培养了他们的批判性思维和创新能力。虚拟现实技术的引入，为职业院校文化教育提供了全新的视角和方法，突破了传统教育模式的局限。

在文化展示活动的设计过程中，学生的反馈和参与是至关重要的。通过鼓励学生在活动中发表意见和建议，可以提升活动的互动性和吸引力。这种参与式设计不仅使学生感受到自身意见的价值，也增强了他们对文化内容的理解和认同。教师在活动中应扮演引导者的角色，及时采纳学生的建议，并在活动中进行灵活调整，以确保活动的有效性和吸引力。

利用社交媒体平台进行文化展示，是增强师生之间互动交流的重要途径。社交媒体的即时性和广泛性，使得文化内容的传播和共享变得更加便捷。通过社交媒体，师生可以随时随地分享和讨论文化活动的内容和体验，这不仅丰富了文化育人的形式，也促进了师生之间的情感交流。社交媒体的应用，为职业院校文化建设提供了新的平台和契机。

三、大数据分析在文化育人中的作用

（一）学习行为分析

学习行为分析在新媒体时代的职业院校中扮演着至关重要的角色。通过数据分析工具，教育者可以监测学生的学习时间和频率，从而识别出他们的学习习惯和偏好。这种数据驱动的方法为个性化教学提供了坚实的依据，使教师能够根据学生的具体需求调整教学策略。这一过程不仅提升了教学的有效性，也增强了学生的学习体验，促进了他们的自主学习能力的培养。

在在线学习平台上，学生的互动行为，如讨论区的发言、资源的分享和反馈的参与情况，都是评估学习积极性和互动性的关键指标。通过对这些行为的分析，教师可以更好地理解学生的参与程度和学习动机。这种分析不仅有助于识别出积极参与的学生，还有助于发现那些可能在学习过程中遇到困难的学生。针对这些学生，教师可以提供更为个性化的支持和辅导，从而提升整体学习效果。

利用学习行为数据，可以识别出学习困难的学生群体，并为他们提供针对性的支持和辅导。这种数据驱动的干预策略能够有效地提升学生的学习效果，同时也促进了教育公平。通过对学习成绩和行为数据的关联分析，教师可以探索不同教学资源对学生学习效果的影响。这一过程有助于优化资源配置，确保每个学生都能获得最适合其学习需求的资源，从而最大化学习成果。

（二）个性化学习路径

个性化学习路径在新媒体时代的职业院校文化育人中扮演着至关重要的角色。通过基于学生兴趣与能力的学习路径定制，可以确保学习内容与学生的个性化需求相匹配。这种定制化的学习路径不仅能够激发学生的学习兴趣，还能帮助他们更好地理解和掌握知识。大数据技术的应用，使得教育者能够收集和分析大量的学习数据，从而为每个学生设计出最适合他们的学习方案。这种个性化的学习体验，不仅提高了学生的学习效率，也增强了他们的学习积极性和投入感。

动态调整学习计划是个性化学习路径的重要组成部分。通过实时监测学生的学习进度和反馈，教育者可以及时优化学习策略，确保每个学生都能在最适合他们的节奏下学习。大数据分析技术的应用，使得这种动态调整成为可能。教育者可以根据学生的学习行为数据，识别出学习瓶颈，并提供针对性的支持和辅导。这种及时的调整和个性化的支持，不仅提升了学生的学习效果，也帮助他们克服学习中的困难，增强了他们的自信心和学习动力。

为了适应不同学生的学习风格和偏好，建立多样化的学习资源库是必不可少的。通过提供不同形式的学习材料，如视频、音频、图表和互动练习，学生可以根据自己的学习习惯选择最适合他们的学习方式。这种多样化的学习资源，不仅丰富了学生的学习体验，也提高了他们的学习效率。同时，利用数据分析技术，教育者可以不断更新和优化学习资源库，以确保其内容的时效性和相关性，从而更好地支持学生的个性化学习路径。

四、移动互联网技术对文化传播的影响

（一）移动学习应用

移动学习应用在职业院校文化建设中扮演着重要角色。其灵活的学习模块设置，使学生能够根据自身的时间安排和学习进度，自主选择适合的课程内容。

这种个性化的学习体验不仅提升了学生的自主学习能力，还促进了他们的自我管理能力的培养。通过灵活的模块化设计，学生可以在学习过程中感受到更多的自主权和成就感，从而激发他们的学习动机和兴趣。

在移动学习应用中，集成多种互动功能也是至关重要的。在线讨论、即时反馈和社交分享等功能的加入，大大增强了学生之间的互动性和学习的参与感。这些功能不仅促进了学生之间的交流与合作，还为他们提供了一个分享学习成果和心得的平台。通过互动功能，学生能够在虚拟学习环境中建立起社交联系，形成学习共同体，有助于提高学习的效果和质量。

移动学习应用提供多样化的学习资源，包括视频、音频、文档等，能够满足不同学习风格的学生需求。这种资源的多样性使得学生可以根据自己的学习偏好选择合适的学习材料，从而提升学习效果。视频和音频资源的引入，尤其能够帮助那些视觉和听觉学习者更好地理解和掌握学习内容，促进知识的内化和应用。

（二）社交媒体互动

社交媒体在职业院校的文化育人中发挥着重要的作用。它为师生提供了一个即时沟通的平台，使信息分享和观点交流变得更加便捷。这种即时性不仅提高了信息传达的效率，还增强了学习氛围。通过社交媒体，师生可以在任何时间、任何地点进行互动，打破了传统课堂的时间和空间限制。这种互动不仅限于信息的传递，更在于思想的碰撞和观点的交流，从而激发学生的思考能力和创新意识。

社交媒体的多样化功能为职业院校开展线上活动提供了丰富的可能性。通过问答、投票和讨论等形式，学校可以激发学生的参与感和主动性。这些活动不仅丰富了学生的课余生活，还为他们提供了展示自我和锻炼能力的平台。学生通过参与这些活动，能够更好地理解和内化学校的文化理念，增强对学校文化的认同感。同时，这些活动也为学校提供了一个展示其特色和优势的窗口，提升了学校的整体形象和吸引力。

利用社交媒体分析工具，职业院校可以实时监测学生的互动情况。这种监测不仅能够帮助学校了解学生的兴趣和需求，还可以为内容和活动策略的调整提供数据支持。通过分析学生的互动数据，学校可以更精准地设计和推送符合学生兴趣的内容，提高文化育人的效果。这种数据驱动的策略调整，使得学校的文化育人工作更加科学化和精准化，能够更好地适应新媒体时代的需求和挑战。

社交媒体平台的社群功能促进了学生之间的合作与交流，形成了学习共同体。通过社群，学生可以分享学习资料、交流学习经验，还可以共同解决学习中的问题。这种合作学习的模式，不仅提高了学生的学习效率，还增强了他们的归属感和文化认同。学生在社群中感受到的支持和鼓励，使他们更愿意参与学校的文化活动，形成了良性循环。

（三）实时信息共享

在新媒体时代，移动互联网技术的迅猛发展对职业院校的文化传播方式产生了深远影响。实时信息共享作为一种重要的传播方式，能够通过移动应用和社交媒体平台，将职业院校的文化活动、课程信息以及学生活动动态迅速传递给广大学生群体。这种信息传递的及时性和透明度，不仅提升了学生对校园活动的参与度，还促进了院校与学生之间的互动。实时信息共享的特点使得学生能够在第一时间获取到校园内外的最新资讯，从而增强了他们对校园生活的参与感和归属感。

在职业院校中，利用即时通信工具和在线讨论平台，师生之间的互动变得更加便捷和高效。无论是课程讨论，还是活动反馈，实时信息共享都为师生之间的沟通提供了一个开放、即时的渠道。这样的沟通方式不仅提升了信息流通的速度，还增强了校园内的学习氛围。学生可以在课后继续与教师交流，提出疑问或分享见解，而教师也能及时给予反馈和指导。这种高效的互动机制，有助于构建一个积极向上的学习环境，促进学生的全面发展。

实时信息共享还为学生在学习过程中获取最新的行业动态和专业知识提供了便利。移动互联网的普及，使得学生能够随时随地接触最新的行业资讯和技术发展趋势，这对于他们的职业发展至关重要。通过这种方式，学生可以更加灵活地调整自己的学习计划和目标，以更好地适应快速变化的职场需求。实时信息共享不仅提升了学习的相关性和实用性，也为学生的职业生涯规划提供了有力支持。

职业院校在利用实时信息共享时，还可以根据学生的反馈和参与情况，及时调整教学内容和活动安排。这种灵活的教育资源配置方式，使得院校能够更好地响应学生的需求，提高教育的灵活性和响应能力。通过实时信息的反馈，院校可以了解到学生的学习兴趣和需求变化，从而在课程设计和活动组织上做出相应的调整。这种动态调整机制，使得教育过程更加贴近学生的实际需求，提升了教育质量和效果。

第三章　新媒体时代职业院校文化育人融合策略

第一节　传统文化与现代文化的融合培育

一、传统文化元素在职业教育中的应用

（一）传统文化元素的选择

传统文化元素在职业教育中的选择是一个复杂而又关键的过程。选择适合的传统文化元素需要考虑其与职业教育目标的契合度，以及其在现代教育背景下的可行性和适用性。传统文化元素不仅仅是历史的遗存，更是文化传承的重要载体。通过对传统文化元素的筛选，可以为职业教育注入源源不断的文化活力，使学生在学习职业技能的同时，感受到文化的深厚底蕴和历史传承的力量。这种选择过程要求教育者具备深厚的文化素养和敏锐的文化洞察力，以便在多样的传统文化资源中，挑选出最能激发学生兴趣和促进其职业发展的元素。

传统文化元素的多样性和丰富性是其在职业教育中应用的优势所在。中国传统文化博大精深，涵盖了从文学艺术到工艺技术的广泛领域。多样性和丰富性使得传统文化元素能够适应不同专业的职业教育需求。例如，在烹饪专业中，可以通过引入传统的烹饪技艺和饮食文化，提升学生的职业技能和文化素养；而在设计专业中，传统的艺术风格和理念可以激发学生的创意思维和创新能力。这种多样性不仅丰富了职业教育的内容，也为学生提供了多元的文化视角，帮助他们在全球化背景下更好地理解和应用职业技能。

传统文化元素与职业技能的结合方式是实现文化育人的关键。通过将传统文化元素与职业技能的教学相结合，职业院校能够创造出一种既有文化深度又具实践价值的教育模式。例如，可以在课程中加入传统手工艺的制作过程的内容，让学生在动手实践中理解文化的内涵和职业技能的要求。这种结合不仅有助于学生掌握职业技能，还能培养他们的文化认同感和职业责任感。通过这种方式，职业教育不仅成为技能传授的场所，也成为文化传承的重要平台。

传统文化在职业教育课程中的融入策略需要系统的规划和实施。融入策略

包括课程设计、教学方法和评价体系等方面。在课程设计中，需要将传统文化元素有机地融入课程目标和内容中，使其成为课程的一部分，而不仅仅是附加内容。在教学方法上，可以采用项目式学习、案例分析等方式，让学生在实际操作中体验传统文化的魅力。在评价体系中，应注重对学生文化理解力和应用能力的考核，以确保文化育人的效果。这种系统的融入策略能够有效提升职业教育的文化深度和育人效果。

（二）传统文化元素的教学策略

在职业教育中，传统文化元素的教学策略不仅是传承文化的途径，也是培养学生综合素养的重要环节。传统文化元素的教学策略需要从多方面进行考量，以确保学生能够在实践中真正理解和应用这些元素。首先，结合传统文化元素的项目式教学设计是一个有效的方法。通过项目式教学，学生可以在真实的情境中探索和应用传统文化知识。这种教学设计鼓励学生进行自主学习和团队合作，提升他们的问题解决能力和创新思维。例如，在烹饪专业课程中，可以设计一个以传统节庆食品为主题的项目，让学生在制作过程中了解相关的文化背景和历史渊源。

利用新媒体技术开发互动式学习平台，是增强学生对传统文化理解和兴趣的另一重要策略。新媒体技术的应用可以打破传统教学的时空限制，使学习变得更加灵活和个性化。通过在线课程、虚拟现实体验和互动视频等形式，学生可以随时随地接触到丰富的传统文化资源。这不仅提高了学习的趣味性和参与度，也使得传统文化的传播更加广泛和深入。此外，教师可以利用社交媒体平台，鼓励学生分享学习心得和作品，形成良好的学习社区氛围。

传统文化主题的课程活动，如节庆庆典、手工艺制作等，是提升学生参与感和实践能力的重要方式。通过亲身参与这些活动，学生不仅能够加深对传统文化的理解，还可以锻炼动手能力和团队协作精神。例如，组织学生参与传统节日的庆祝活动，或是举办传统手工艺品制作比赛，都可以激发学生的学习兴趣和创造力。这些活动还可以结合职业教育的特点，融入相关的职业技能训练，使学生在实践中实现文化与技能的双重提升。

建立传统文化与职业技能结合的评估体系，是保证学生在掌握职业技能的同时，能够理解和传承传统文化的重要措施。评估体系应包括文化知识的考核和职业技能的实践评估，确保两者的有机结合。通过这种评估方式，学生在学习过程中不仅要掌握具体的职业技能，还要具备一定的文化素养。这种综合评估有助于促进学生的全面发展，使他们在未来的职业生涯中，能够更好地适应社会的多元文化环境和复杂的职业挑战。

二、现代文化对职业教育的影响

（一）现代文化的特征分析

现代文化以其鲜明的特征对职业教育产生了深远的影响。在现代文化中，个体自由与自我表达被高度重视，这一特征在职业教育中引导学生追求个人兴趣与职业发展的结合。职业院校需要为学生提供一个开放的环境，使他们能够探索和发展自己的兴趣，同时与职业目标相结合。这不仅有助于激发学生的学习热情，还能提高他们在未来职业生涯中的满意度和成就感。通过鼓励学生的个性化发展，职业教育能够更好地适应现代社会对多样化人才的需求。

现代文化的快速变化和多元化特征要求职业教育灵活调整课程内容，以适应新兴行业和技术的需求。随着技术的不断进步和行业的快速发展，职业院校需要不断更新和优化其课程设置，以确保学生能够掌握最新的知识和技能。这种灵活性不仅体现在课程内容的更新上，还体现在教学方法和评估标准的创新上。通过与行业的紧密合作，职业院校可以及时获取行业动态，从而在课程设计中融入最新的技术和实践，帮助学生在毕业后能够迅速适应职场变化。

现代文化强调团队合作与跨学科交流，这对职业教育提出了新的要求。学生不仅需要掌握专业技能，还需要具备良好的协作能力和综合素养，以适应复杂的工作环境。在现代职场中，跨学科团队合作已成为常态，职业院校应通过项目式学习、团队合作项目等方式培养学生的团队协作能力。通过在校期间的实践，学生能够更好地理解团队合作的价值，并在实际工作中有效地与他人协作，解决复杂问题。

现代文化的另一个显著特征是数字技术和社交媒体的广泛应用，这改变了信息传播的方式，也为职业教育带来了新的机遇和挑战。职业院校需要充分利用新媒体工具提升教学效果和学生的参与度。通过数字化教学平台、在线课程和社交媒体，教师可以更灵活地传递知识，学生也可以在更广泛的范围内进行学习和交流。

（二）现代文化对教学内容的影响

现代文化对职业教育教学内容的影响是深远的。首先，现代文化推动职业教育课程内容的更新，强调与时俱进。这种更新不是对课程内容的简单调整，而是深层次的变革，旨在确保课程能够反映当前行业趋势和技术进步。现代文化的动态特性要求职业院校在课程设计中融入最新的行业需求和技术发展，使学生能够在毕业后迅速适应职场变化。这种与时俱进的课程更新策略，不仅提高了教育的实用性和针对性，还为学生的职业发展奠定了坚实的基础。

现代文化还鼓励跨学科的课程设计，这在职业教育中尤为重要。通过整合不同学科的知识，职业院校能够培养学生的综合素养和创新能力。现代文化背景下，传统的单一学科教育已无法满足社会对复合型人才的需求。跨学科课程设计不仅拓宽了学生的知识面，还促进了他们在实际问题解决中的创新思维能力。通过跨学科的学习，学生可以更好地理解复杂的职业问题，并在解决问题的过程中展示出更高的创新能力和团队合作精神。

现代文化利用数字化工具和在线资源，极大地丰富了职业教育的学习材料。这些数字化工具和资源不仅提高了学生的自主学习能力．还增强了他们的信息获取能力。在现代文化的推动下，职业院校可以利用在线平台和数字化资源，为学生提供更多的学习机会和资源。学生可以通过这些平台进行自主学习，获取最新的行业信息和技术动态。这种学习方式不仅提高了学生的学习效率，还培养了他们的终身学习能力，使他们在未来的职业发展中能够不断提升自我，以适应快速变化的社会和技术环境。

三、传统与现代文化融合的教学方法

（一）融合教学的原则

融合教学的原则在于通过传统与现代文化的整合，提升学生的综合素养和职业能力。在新媒体时代，职业院校的教育目标不仅是传授专业技能，更要培养学生的文化素养和创新能力。融合教学强调文化的互补性，通过将传统文化的深厚底蕴与现代文化的创新活力相结合，帮助学生在多元文化背景下形成全面的职业能力。例如，在课程设计中，教师可以将传统手工艺与现代设计软件相结合，既传承传统技艺，又提升学生的现代技术应用能力。这种教学方法不仅丰富了教学内容，还使学生在学习过程中感受到文化的多样性和包容性。

在融合教学中，应注重学生的主动参与，鼓励他们在实践中探索传统文化与现代技术的结合，增强学习的主动性。学生在学习过程中，不仅是知识的接受者，还是文化的创造者和创新者。通过项目式学习、实践工作坊等教学方式，学生可以在真实情境中运用所学知识，探索传统工艺与现代技术的结合点。这种学习方式不仅提高了学生的动手能力和创新思维，还增强了他们对文化传承的责任感和使命感。教师在引导学生时，应鼓励他们大胆尝试，勇于创新，使学生在学习过程中成为积极的探索者和实践者。

教师在融合教学中应具备多元文化的视野，能够灵活运用不同文化元素，创造丰富的学习环境和体验。教师不仅是知识的传递者，还是文化的引导者和整合者。他们需要不断更新自己的知识储备，了解不同文化的背景和发展趋势，以便在教学中灵活运用各种文化元素，激发学生的学习兴趣和创造力。例如，在讲授课程时，教师可以结合多媒体资源，展示不同文化背景下的艺术作品或工艺品，帮助学生更直观地理解文化的多样性和共通性。通过这种方式，教师不仅丰富了课堂内容，还为学生创造了一个开放、多元的学习环境。

融合教学应关注评估机制的多样性，通过多维度的评估方式，确保学生在掌握职业技能的同时，也能够理解和传承文化价值。传统的考试和评估方式往往只关注学生的知识掌握程度，而忽视了对学生综合能力和文化理解的考查。在融合教学中，评估机制应包括项目展示、作品评审、文化报告等多种形式，以全面考查学生的学习成果和文化素养。这种多元化的评估方式不仅能更准确地反映学生的学习效果，还能激励学生在学习过程中不断探索和创新。

（二）融合教学的实施步骤

融合教学的实施步骤在新媒体时代的职业院校中扮演着至关重要的角色。首先，明确融合教学的目标是至关重要的。设定具体的学习成果和能力要求，使学生能够在传统文化与现代技术的结合中获得全面发展。这不仅涉及学生对传统文化的理解和传承，更强调他们在现代技术背景下的应用能力。通过这种双重目标的设定，学生能够在多元文化背景下形成更为全面的视角和能力，适应未来社会的多样化需求。

建立跨学科的合作机制是实现融合教学目标的关键步骤之一。在职业院校中，鼓励不同专业的教师共同参与课程设计与实施，可以有效地促进教学内容的丰富性和多样性。通过团队协作，教师们能够在课程中融入各自领域的专业知识，形成一个综合性的教学框架。这种跨学科的合作不仅提升了教学效果，还能增强学生的综合素养，使他们在学习过程中能够接触到多维度的知识和技能，从而在未来的职业生涯中更具竞争力。

定期评估和反馈教学效果是确保融合教学持续优化的必要措施。在教学过程中，收集学生的意见和建议，可以帮助教师了解教学的实际效果和学生的真实需求。通过不断调整和优化融合教学的内容和方法，教学活动能够更加贴合学生的学习习惯和行业的发展变化。这种动态的调整机制，不仅能够提升学生的学习体验，还能够确保教学内容的前沿性和实用性，使职业院校的教育始终保持与时俱进的状态。

四、文化融合对学生价值观的塑造

（一）价值观塑造的目标

价值观塑造的目标在于培养学生对传统文化的认同感，增强其文化自信，帮助学生在职业发展中保持文化根基。职业院校在新媒体时代，应注重通过多元化的文化教育方式，提升学生对传统文化的理解与认同。传统文化作为中华民族的精神命脉，其丰富的内涵和历史积淀为学生提供了坚实的文化基础。在职业教育中，融入传统文化教育，可以帮助学生在快速变化的职业环境中保持文化自信，坚定文化立场。这种文化自信不仅是对自身文化的认同，更是对职业发展的坚实支撑，使学生在国际化的职业舞台上更具竞争力。

引导学生树立正确的价值观，促进其在职业选择和职业行为中体现社会责任感和伦理意识，是职业院校文化育人的重要目标。新媒体时代的信息传播速度快、范围广，学生容易受到多元价值观的冲击和影响。职业院校应通过文化课程的设置和实践活动的开展，引导学生理解和内化社会责任感与伦理意识。在职业选择中，鼓励学生关注社会需求，选择能够为社会发展做出贡献的职业。在职业行为中，强调职业道德和伦理意识，培养学生成为具备高度责任感的职业人，以积极的态度面对职业挑战和社会责任。

激发学生的创新思维能力，鼓励他们在传统文化与现代职业技能的结合中探索新的职业发展路径，是职业院校文化育人的创新实践。在新媒体时代，职业院校应通过多样化的教学手段和丰富的实践活动，激发学生的创新潜力。传统文化蕴含着丰富的智慧和创造力，与现代职业技能的结合可以催生出新的职业发展机会。通过项目式学习、案例分析等方法，学生可以在实践中探索和创新，找到适合自身发展的职业路径。这不仅提升了学生的创新能力，还增强了他们在职业市场中的竞争力。

增强学生的团队合作意识，通过文化融合的学习活动，提升其沟通能力和跨文化交流能力，是职业院校文化育人的重要任务。在全球化背景下，跨文化交流能力成为职业发展的关键要素。职业院校应通过团队合作项目、跨文化交流活动等方式，培养学生的团队合作意识和跨文化沟通能力。文化融合的学习活动为学生提供了多元文化视角，帮助他们在团队中理解和尊重不同文化背景的成员，从而提升团队合作效率和沟通效果。

（二）文化融合对价值观的影响

文化融合在当代职业院校教育中起着至关重要的作用。它不仅仅是文化交流，更是对学生价值观的深刻塑造。通过文化融合，学生能够更好地理解和包容多元文化。这种理解和包容性在未来的职业环境中尤为重要，尤其在需要与不同文化背景的团队合作时。学生在接受多元文化教育的过程中，逐渐形成一种开放的心态，能够欣赏不同文化的独特性，并在工作中表现出更高的合作效率和创新能力。这种多元文化的理解不仅拓宽了学生的全球视野，也为他们在国际化的职场中打下了坚实的基础。

文化融合还对学生的职业道德和社会责任感产生积极影响。通过接触和学习不同文化的价值观，学生能够形成更全面的职业道德观念。职业院校通过文化融合教育，使学生在职业选择中更加关注社会价值和可持续发展。这种价值观的形成，不仅帮助学生在职业生涯中做出更为负责任的决策，也促使他们在职业实践中考虑到社会的长远利益。文化融合教育的一个重要目标就是培养学生的社会责任感，使他们能够在未来的职业生涯中，承担起促进社会进步的责任。

在文化融合的学习过程中，学生的创造力也得到了极大的激发。面对职业挑战时，学生能够将传统智慧与现代技术相结合，提出创新的解决方案。这种创新能力的培养，得益于文化融合所带来的多样化思维方式。职业院校通过文化融合课程，鼓励学生在学习中不断探索和尝试新的思维方式和解决问题的方法。这不仅提高了学生的创新能力，也增强了他们在复杂职业环境中的竞争力，使他们能够在职业生涯中不断突破自我，取得更大的成就。

学生通过参与文化融合活动，提升了沟通能力和跨文化交流能力。在全球化的职业环境中，跨文化交流能力是职业成功的重要因素之一。文化融合教育帮助学生掌握不同文化的沟通技巧，使他们能够在国际化的团队中有效地与他人协作。职业院校通过组织丰富的文化交流活动，使学生在实践中提高跨文化沟通能力。这种能力的提升，不仅有助于学生在职业生涯中拓宽国际视野，也为他们在全球化市场中创造更多的职业机会。

第二节　职业素养与专业技能的融合培育

一、职业素养与专业技能的内涵解析

（一）职业素养的定义

职业素养是指个体在职业活动中所需具备的基本素质和能力，包括职业道德、职业责任感和团队合作精神。这些素养不仅是个人职业发展的基石，也是职业院校文化育人过程中不可或缺的组成部分。在新媒体环境下，职业道德的内涵更加丰富，要求个体在信息传播和交流中保持诚信和责任感。此外，职业责任感要求个体能够在工作中主动承担责任，积极完成任务，并在团队合作中发挥关键作用。团队合作精神则强调个体在集体中协同工作的重要性，尤其是在信息技术不断发展的背景下，跨学科、跨领域的合作日益增多。

（二）职业素养的构成要素

职业素养的构成要素涵盖了职业道德、沟通能力、自我管理能力以及团队合作精神等多个方面。职业道德与责任感的培养尤为重要，学生在学习过程中需要理解并内化行业标准和社会规范。这不仅是对个人职业行为的约束，更是对社会责任的承诺。通过对职业道德的深入学习，学生能够在未来的职业生涯中表现出更高的职业操守，赢得行业及社会的信任与尊重。

沟通能力的提升是职业素养的另一个关键要素。在新媒体时代，沟通方式的多样化要求学生具备更加灵活的沟通技巧。有效的沟通能力不仅包括清晰表达自己的思想，还包括在团队合作中理解他人的观点。这种能力的培养需要通过课堂讨论、角色扮演和案例分析等多种教学方法来实现，从而帮助学生在未来的工作环境中成为优秀的团队成员。

自我管理能力的强化是职业院校学生必须具备的素质之一。它涉及时间管理、情绪管理和压力应对等多个方面。良好的自我管理能力能够显著提高学生的学习效率和适应能力，使他们在面对复杂的工作任务时能够从容应对。通过

课程设计和实践活动，学生可以在模拟的职业环境中锻炼自己的自我管理能力，为未来的职业发展打下坚实的基础。

团队合作精神的培育是职业教育中不可或缺的一环。通过实践活动，学生能够在真实的情境中体验团队协作的重要性。这不仅增强了他们的协作能力和集体意识，还培养了他们在团队中发挥领导作用的潜力。职业院校应通过多样化的教育策略，帮助学生在团队合作中找到自己的定位，培养出能够适应多变工作环境的高素质人才。

（三）专业技能的定义

专业技能是个体在特定职业领域内所需掌握的实际操作能力和技术知识的综合体现。这些技能不仅包括对专业工具的熟练使用，还涵盖了对行业标准的严格遵循。职业院校通过课程设计和教学实践，帮助学生掌握这些技能，以适应不断变化的职业需求。专业技能的定义不仅限于理论知识的积累，更强调在实践中如何有效应用这些知识，以解决实际问题。通过对专业技能的深入解析，可以更好地理解其在职业教育中的重要性和作用。

专业技能的内涵进一步扩展到具体任务的执行能力，这些能力包括项目管理、技术分析和问题解决等。职业院校通过设置相关课程和训练项目，提升学生在这些领域的能力，以确保他们能够在未来的工作中高效地完成任务。这些技能不仅决定了个人的工作效率和成果，还影响着整个团队或组织的成功。因此，职业院校在培养学生专业技能时，注重实用性和适应性，以满足行业发展的需求。

（四）专业技能的构成要素

专业技能不仅指向学生在某一特定领域内所需的技术能力，还涵盖了更广泛的实践能力、行业适应性、创新能力和跨学科整合能力等多个方面。职业院校在培养学生时，需要全面理解和把握这些构成要素，以确保学生能够在毕业后顺利过渡到工作岗位，并在职业生涯中持续发展。通过系统化的课程设计和实践训练，学生能够在学习过程中获得全面的专业技能，从而为其未来的职业发展奠定坚实的基础。

专业技能的实践能力是职业教育的核心，强调学生在实际工作环境中应用所学知识的能力。这不仅包括基本的操作技术，还涉及解决实际问题的能力。

通过模拟真实工作场景的教学模式，学生能够在校期间积累实际操作经验，提升其在职场中的适应能力。实践能力的培养需要结合理论教学和实验操作，确保学生在掌握基础知识的同时，能够将其有效应用于实际工作中。这样，学生在进入职场后，能够快速适应并胜任工作，体现出职业教育的实效性。

行业适应性是专业技能的重要组成部分，要求学生具备根据行业标准和市场需求调整和更新技能的能力。随着社会经济的快速发展，各行业的技术和标准不断变化，职业教育必须紧跟这些变化，为学生提供与时俱进的教育内容。这需要职业院校与行业企业建立紧密的合作关系，及时更新教学内容和实训项目，以培养适应性强的学生。通过这种动态的教育模式，学生不仅能够掌握当前的行业技能，还能具备在未来职业生涯中不断学习和更新技能的能力。

创新能力在现代职业教育中同样不可或缺。它鼓励学生在实践中探索新方法和新技术，提高工作效率和创造性解决问题的能力。职业院校应注重培养学生的创新思维，通过项目式学习和创新实验室等方式，为学生提供探索和实践的新平台。创新能力的培养不仅提升了学生的个人竞争力，也为行业的发展注入了新活力。通过创新能力的训练，学生在面对复杂问题时，能够提出独特的解决方案，推动行业的进步和变革。

二、职业素养与专业技能融合的必要性

（一）职业教育的时代需求

职业教育在新媒体时代面临着前所未有的变革与挑战。随着全球化和技术进步的加速，行业需求快速变化，职业教育必须适应这种动态环境。学生不仅需要掌握专业技能，还需具备灵活应变的能力，以应对新兴职业的挑战。传统的职业教育模式已难以满足现代职场的复杂需求，必须进行深刻的改革，以培养出能够在多变环境中有效工作的学生。职业院校需要重新审视其教育目标，确保学生在毕业时不仅具备专业能力，还具备应对变化的思维方式和能力。

职业素养的提升与专业技能的结合，是现代职业教育改革的关键。职场中，团队合作与跨学科交流已成为常态。学生在校期间，若能通过项目式学习和跨学科课程设计，培养出良好的沟通能力和协作能力，将在未来职场中获得优势。现代企业越来越重视员工的综合素质，单一的专业技能已不足以支撑职业发展。职业教育因此需要将文化育人融入教学过程，使学生除掌握专业技能之外，还

具备良好的职业素养，能够在多元文化的职场环境中游刃有余。

现代企业对员工的要求不仅限于专业技能，而是更加强调综合素质的提升。职业教育必须整合文化育人与技能培养，以提升学生的综合竞争力。这种整合不仅涉及课程设置的调整，也包括教育理念的革新。通过文化育人，学生能够更好地理解自身职业的社会价值，并在职业生涯中追求更高的社会责任感。这种教育模式的转变，将有助于培养出既有专业技能又具备人文素养的综合型人才，满足现代企业对高素质员工的需求。

新媒体技术的广泛应用，促使职业教育必须重视数字素养的培养。信息化时代的工作环境对员工的数字化能力提出了更高的要求。职业院校应积极引入新媒体技术，培养学生的信息检索、数据分析和数字化沟通能力。通过对数字素养的重视，学生能够更好地适应现代工作环境的变化，提升自身的职场竞争力。数字素养不仅是技术能力的体现，更是现代职业素养的重要组成部分，是职业教育在新媒体时代必须关注的核心领域。

（二）职业素养与技能的相互促进

职业素养与技能的相互促进在新媒体时代显得尤为重要。职业素养的提升不仅仅是对学生个人素质的提高，更是对其在实际工作中运用专业技能信心的增强。这种信心能够显著促进学生在复杂情境下的决策能力，使其在面对多变的职场环境时，能够从容应对。通过对职业素养的系统培养，学生能够更好地理解行业规范以及职业标准，这种理解是其在实际工作中合理应用专业技能的基础。职业院校在文化育人过程中，需要注重将职业素养的培养与专业技能的训练有机结合，以实现教育目标的最大化。

专业技能的掌握为学生提供了实践基础，使其能够在团队合作中有效发挥职业素养。这不仅提升了整体工作效率，还促进了学生在团队中的角色认知和责任感。在职业院校的教育体系中，通过项目实践的方式，学生能够在真实环境中锻炼职业素养与专业技能的结合。这种结合不仅帮助学生形成良好的职业习惯和工作态度，还提高了他们在实际工作中的操作能力和创新意识。通过这种实践导向的教育模式，学生能够在毕业后迅速适应职场，成为用人单位所需的复合型人才。

在跨学科的学习环境中，职业素养与专业技能的融合培养显得尤为关键。这种培养方式不仅提升了学生的创新能力，还促进了其在多元化工作场景中的适应性。职业院校在教学过程中，可以通过多学科交叉课程的设置，鼓励学生在不同学科背景下进行思考和实践。这种跨学科的学习模式，不仅拓宽了学生的知识视野，还提升了其对复杂问题的综合分析能力。通过职业素养与专业技能的有效融合，学生能够在未来的职业生涯中更好地应对挑战，成为具备创新精神和实践能力的优秀人才。

（三）提升学生综合竞争力

在新媒体时代，职业院校的教育目标不仅限于传授专业技能，还包括培养学生的职业素养，以提升其综合竞争力。这种融合策略的必要性体现在多个方面。职业素养与专业技能的融合能够显著提升学生在职场中的适应能力。面对快速变化的行业环境，学生需要具备灵活应对挑战的能力。通过将职业素养融入专业技能的教育中，学生不仅能够掌握技术性知识，还能培养出色的适应能力，从而在复杂多变的职场环境中游刃有余。

职业院校通过融合职业素养与专业技能，能够有效提升学生的创新能力和解决问题的能力。这种能力的培养尤为重要，因为现代职场往往要求员工能够跨学科应用知识。通过在实践中锻炼跨学科的知识应用能力，学生能够在多元化的工作环境中发挥创造力，提出创新的解决方案。此外，这种融合教育还鼓励学生在真实的项目实践中锻炼自己，使其在面对实际问题时能够迅速找到有效的解决途径。

职业素养与专业技能的融合还注重培养学生的领导能力和沟通技巧。通过项目实践和团队合作，学生能够在实际场景中锻炼自己的领导才能和团队协作能力。这不仅提升了学生的沟通技巧，也增强了他们在人际交往中的信心和能力。良好的领导能力和沟通技巧是职场成功的关键，因此，通过这种融合教育，学生能够在未来的职业生涯中获得优势。

职业院校也特别关注学生自我管理能力的培养。有效的自我管理能力是提高工作效率的基础。通过融合教育，学生能够学会如何在工作中有效管理时间、情绪和压力。这种能力不仅有助于提升个人的工作效率，也能帮助学生在高压环境中保持良好的职业状态，确保其职业生涯的可持续发展。

三、职业素养与专业技能融合的课程设计

（一）课程目标设定

课程目标设定是职业院校教育中至关重要的一环，尤其是在新媒体时代，

其重要性更为突出。在设定课程目标时，需要明确培养学生将传统文化与现代职业技能相结合的能力，以适应多元化的职业需求。这一目标的设定不仅有助于学生在职业生涯中更好地融入社会，也能使他们在全球化的背景下具备更强的竞争力。通过这种结合，学生能够在理解和尊重传统文化的基础上，灵活运用现代职业技能，以应对快速变化的职业环境。

在课程设计中，提升学生的职业素养和专业技能是核心。课程内容需要精心设计，以确保学生在实践中获得全面发展。通过理论与实践相结合，学生不仅能够掌握必要的专业技能，还能在职业素养方面得到提升。这种设计理念强调实践的重要性，鼓励学生在实际操作中理解理论知识的应用，进而提高解决实际问题的能力。这种全面发展的教育理念，有助于学生在未来的职业生涯中更加自信和从容。

项目实践和团队合作是课程设计中不可或缺的部分。通过这些实践活动，学生的沟通能力和团队意识能够得到显著增强。在项目实践中，学生需要合作解决问题，这不仅培养了他们的协作能力，也提升了他们在职场中的适应能力。团队合作的经验教会学生如何在多元化的团队中有效沟通和协调，是他们未来职场生涯中不可或缺的技能。

（二）课程内容整合

在新媒体时代，职业院校的课程内容整合需要紧密结合传统文化与现代职业技能，通过模块化课程设计，使学生能够在不同模块中灵活应用所学知识。这种整合不仅有助于学生理解和掌握专业技能，还能在文化层面上提升学生的职业素养。通过将传统文化的精髓融入现代职业教育中，学生不仅能够获得技术上的提升，还能在文化认同和价值观念上得到发展。这种双重提升为学生在未来职业生涯中提供了有力的背景支持，使他们能够在多元文化和快速变化的职业环境中游刃有余。

课程内容的整合还应引入跨学科的课程元素，通过整合艺术、科技和人文等领域的知识，培养学生的综合素养和创新能力。在职业教育中，单一的技能培训已无法满足现代社会的需求。跨学科的知识整合能够激发学生的创造力和批判性思维，使他们在面对复杂问题时具备更强大的解决能力。通过这样的课程设计，学生不仅能够在专业领域中脱颖而出，还能在跨领域合作中展示出色的团队协作能力和创新思维，这对于提升他们的职业竞争力和适应力具有重要意义。

为了更好地实现职业素养与专业技能的融合，课程设计中应设置实践导向的课程活动，如企业实习和社会服务项目。这些活动能够为学生提供真实的环境，帮助他们将课堂所学知识应用于实际工作中，锻炼专业技能与职业素养的结合。在真实的工作情境中，学生能够更好地理解职业要求和行业标准，并在实际操作中提升自身的职业素养。这种实践导向的学习方式不仅增强了学生的动手能力，也提升了他们的职业意识和责任感，为未来的职业发展奠定了坚实的基础。

（三）课程资源开发

在新媒体时代，课程资源开发成为职业院校提升教育质量的重要环节。开发多媒体学习资源，如视频、音频和图文材料，是丰富课程内容的关键策略。这些资源不仅能够直观地展示复杂的专业技能，还能通过生动的表现形式提高学生的学习兴趣和参与感。多媒体资源的使用使抽象的理论知识变得具体可感，学生通过视觉和听觉的双重刺激更易于理解和记忆。此外，借助现代技术手段，教师可以根据课程内容的需求灵活选择合适的媒体形式，从而更好地服务于教学目标的实现。

利用在线平台创建互动式学习模块是一种有效的教学创新方式。这些模块通过设计互动任务、讨论区和实时反馈机制，促进学生之间的交流与合作。在这种学习环境中，学生不仅是知识的接受者，更是学习过程的主动参与者。互动式学习模块有助于培养学生的批判性思维和解决问题的能力，同时也增强了学习的效果。通过在线平台，学生可以在课后继续进行自主学习，教师也能及时掌握学生的学习进度和困难，从而提供有针对性的指导和支持。

整合行业专家和职业导师的在线讲座与访谈，为学生提供了一个接触真实职业发展的窗口。这些讲座和访谈不仅分享了最新的行业动态和趋势，还提供了宝贵的职业经验和实用的职业建议。通过与行业专家的“面对面”交流，学生能够更好地理解职业发展的多样性和复杂性，激发他们的职业探索热情。职业导师的经验分享也为学生提供了生动的职业成长范例，帮助他们在职业选择上做出更明智的决策。

四、职业素养与专业技能融合的评价方法

（一）过程性评价

过程性评价在职业院校的教育中扮演着至关重要的角色。它不仅关注学生

在学习过程中的参与度和互动性，还通过评估学生对课程内容的理解和应用能力，促进更深层次的学习。新媒体时代为过程性评价提供了丰富的工具和平台，使学生的学习过程更加透明和可追踪。通过在线学习平台和社交媒体，教师可以实时观察学生的学习动态，并根据学生的反馈及时调整教学策略。这样的评价方式不仅有助于教师掌握学生的学习进展，还能激发学生的学习兴趣和主动性，促进其在职业素养与专业技能上的全面发展。

在过程性评价中，定期反馈机制是不可或缺的。通过收集学生的学习进展和困难，教师可以及时调整教学策略，以满足学生的个性化学习需求。这种动态的反馈机制不仅能帮助学生明确自身的学习目标，还能提升其解决问题的能力。在职业院校中，学生的个性化学习需求尤为重要，因为每个学生的职业发展方向和技能水平各不相同。通过个性化的教学调整，教师能够更好地支持学生的职业成长，增强其在未来职场中的竞争力。

结合实践项目进行评价是过程性评价的另一重要方面。在职业院校中，实践项目能够有效地将理论知识与实际应用结合起来。通过评估学生在真实情境中运用职业素养与专业技能的能力，教师可以更准确地判断学生的综合素质。这种评价方式不仅能够验证学生的理论知识掌握情况，还能考查其在实际工作环境中的问题解决能力和团队协作能力。实践项目的评价结果也为学生提供了宝贵的反馈，使其在未来的学习和职业发展中更具针对性。

（二）终结性评价

在新媒体时代，职业院校在培养学生的职业素养与专业技能时，终结性评价作为一种重要的评估手段，发挥着关键作用。终结性评价不仅是对学生学习成果的总结，更是对其在职业素养与专业技能方面整体表现的综合考量。通过这种评价方式，教育者能够全面了解学生的综合能力水平，从而确保其在未来职场中的竞争力。这种评价的有效性，在于其能够真实反映学生在学习过程中的成长与进步，使得教育目标与学生实际能力相契合。

终结性评价的标准应当明确且全面。它不仅涵盖学生的实践能力，还包括团队合作、沟通技巧等多方面的素质。这些标准的设置，旨在对学生进行全方位的评估，确保他们具备在职场中良好适应的能力。通过详细的评价标准，职业院校能够更准确地识别学生的优势与不足，从而为其提供更有针对性的指导与支持。这种细致入微的评价方式，有助于培养出能够适应复杂工作环境的高素质人才。

终结性评价的设计需紧密结合行业标准，确保学生所掌握的技能和素养符合当前职业市场的需求与期望。这种结合不仅使得评价结果更具参考价值，还为学生的职业发展提供了明确的方向。通过与行业标准的对接，职业院校能够及时调整教学内容，使之与市场需求保持一致，从而提高学生的就业竞争力。

（三）多元主体评价

多元主体评价在新媒体时代职业院校文化育人中的应用，旨在通过多方参与和多维度的反馈，提升职业素养与专业技能的培育效果。建立多元主体评价机制是这一策略的核心，通过鼓励学生、教师、行业专家共同参与评价过程，确保评价的全面性和客观性。这种评价机制不仅能够全面反映学生在职业素养和专业技能方面的实际表现，还能为教学内容的调整和优化提供有力依据。通过多元主体的参与，职业院校能够更好地适应新媒体时代的教育需求，实现文化育人与职业教育的深度融合。

定期的行业反馈是多元主体评价中的重要组成部分。通过与企业的密切合作，职业院校可以获取企业对学生职业素养和专业技能的评价。这种反馈机制不仅有助于课程内容与行业需求的对接，也能帮助院校及时调整教学策略，以更好地满足市场的变化和需求。行业反馈的引入，使得职业教育不仅局限于课堂理论的传授，更注重实践能力的提升，确保学生在毕业后能够迅速适应职场环境，并在职业发展中获得优势。

校友评价体系的引入为多元主体评价增添了新的维度。校友作为曾经的学生，他们的职业发展经验和反馈对在校学生有着重要的指导意义。通过校友的反馈，学生可以更清晰地了解行业动态和职业发展路径，从而更有针对性地规划自己的学习和职业生涯。校友评价不仅有助于在校学生的成长，也为职业院校与校友之间建立长期的合作关系提供了平台，进一步促进了职业教育的良性循环。

学生自我评价与反思机制是多元主体评价中的关键环节。通过鼓励学生定期回顾自己的学习过程，职业院校可以帮助学生增强自我意识和责任感。自我评价不仅是对学习成果的检验，更是对学习态度和方法的反思。通过这种机制，学生能够更加主动地参与自身的学习和发展，培养独立思考和自主学习的能力。

第三节 创新思维与创业精神的融合培育

一、创新思维的培养方法与途径

（一）创新思维的定义

在新媒体时代，创新思维的培养成为职业院校文化育人中的重要组成部分。创新思维是指个体在面对问题时，能够产生新颖且有效的解决方案的能力。这种思维方式不是对传统方法的简单替代，而是通过不断挑战传统观念，推动新想法的产生。它强调从不同角度进行思考，打破常规，以期获得突破性的进展。创新思维的培养不仅对于技术领域至关重要，也在艺术、管理和社会科学等多个领域中扮演着关键角色。

创新思维的核心在于批判性思维和发散性思维的结合。批判性思维关注对现有观点的分析和质疑，通过深度剖析探寻潜在的不足和改进空间。发散性思维则鼓励多种可能性的探索，不拘泥于单一答案，倡导多元化的解决方案。两者相辅相成，共同构成了创新思维的基础。通过培养学生的批判性思维与发散性思维能力，职业院校能够更好地激发学生的创造力和解决复杂问题的能力，为其未来的职业发展奠定坚实的基础。

在职业院校中，创新思维的培养需要一个支持性的环境。首先，开放的交流氛围是关键，它能够激励学生自由表达自己的想法，进行头脑风暴，互相启发。其次，对失败的包容态度同样重要，这样的环境鼓励学生尝试和实验，减少对失败的恐惧，从而促进创造力的发挥。职业院校应当通过课程设计和课外活动，营造一个充满活力和创新精神的学习环境，使学生在实践中不断锤炼和提升自己的创新能力。

（二）创新思维的培养策略

在新媒体时代，职业院校需要通过多种策略来培养学生的创新思维，以适应快速变化的社会需求。创新思维的培养策略在于鼓励跨学科合作，通过整合不同领域的知识与技能，激发学生的创新思维和解决问题的能力。在职业院校的教育过程中，跨学科合作不仅能够拓宽学生的视野，还能够帮助学生在复杂多变的环境中找到独特的解决方案。通过这种合作，学生能够接触到不同学科的思维方式和工具，进而提高他们的综合分析能力和创新意识。

采用开放式问题引导教学是另一种有效的创新思维培养策略。通过这种教学方法，学生被鼓励提出自己的见解和解决方案，从而培养他们的批判性思维与独立思考能力。在开放式问题的引导下，学生不再局限于得出标准答案，而是被引导去探索多种可能性。这种教学方法不仅提高了学生的参与度，还促使他们在学习过程中主动思考和质疑，进而提高他们的问题解决能力和创造性思维。

支持创新的学习环境是促进学生创新思维发展的重要因素。职业院校可以通过创建一个鼓励实验和尝试的环境来激发学生的创造力和探索精神。在这样的环境中，学生被允许失败，并从失败中学习，这种经历对培养他们的创新能力至关重要。通过实验和实践，学生能够在真实的情境中应用所学知识，增强他们的实践能力和创新意识。

引入设计思维方法是系统性培养学生创新能力的有效途径。设计思维强调通过观察、定义问题、构思解决方案和原型制作等步骤，帮助学生系统地理解和解决问题。在职业院校中，设计思维可以作为一种教学工具，指导学生在复杂问题中找到可行的解决方案。这一方法不仅提高了学生的创新能力，还培养了他们的逻辑思维和项目管理技能。

二、创业精神在职业教育中的重要性

（一）创业精神的核心要素

创业精神的核心要素在职业教育中扮演着至关重要的角色。其首先体现在强调主动性和自我驱动上，这种精神鼓励学生在面对各种挑战时，积极寻找解决方案并采取实际行动。这一特质不仅推动了学生的个人成长，也增强了他们在职业生涯中追求卓越的动力。在新媒体时代，信息获取的便捷性和多样性为学生提供了更多的机会去探索和实践，这使得创业精神的培养成为可能。通过职业院校的课程设计和实践活动，学生可以在真实情境中锻炼这种主动性和自我驱动的能力，从而为未来的职业发展奠定坚实的基础。

创业精神的另一个关键要素是风险意识，它促使学生理解并接受在创新过程中可能遇到的失败与不确定性。在职业教育中，培养学生的风险意识有助于他们在未来职业生涯中遇到各种挑战时，能够以更加开放和积极的态度去应对。通过项目学习和案例分析，学生能够在模拟的商业环境中体验风险管理的过程，这不仅让他们对风险有更深刻的理解，也帮助他们在实际工作中更好地应对变化和不确定性。同时，职业院校还可以通过与企业合作的方式，将真实的商业挑战引入课堂，进一步增强学生的风险意识和管理能力。

创新与创造是创业精神的核心，激励学生不断探索新想法和新方法以应对市场需求和技术变革。在职业教育中，创新能力的培养是至关重要的。通过引入跨学科的课程设置和创新实验室，职业院校能够为学生提供一个自由探索和实验的空间。在这个过程中，学生不仅能够锻炼自己的创造力，还能在实践中验证和完善自己的想法。此外，职业院校还可以通过举办创新竞赛和创业孵化项目，为学生提供展示和实现创意的平台。这种全方位的创新教育模式，不仅提升了学生的创新能力，也在一定程度上推动了职业教育的改革与发展。

团队协作能力是创业精神中不可或缺的部分，它培养学生在多元化团队中有效沟通和合作的能力，以实现共同目标。在职业教育中，通过团队项目和小组活动，学生能够在实践中体验团队协作的重要性。这种体验不仅有助于提高学生的沟通和协调能力，还能增强他们的责任感和集体意识。职业院校可以通过与企业合作，组织学生参加真实的企业项目，使他们在实际工作环境中锻炼团队协作能力。这种实践不仅提高了学生的职业素养，也增强了他们在未来职场中的竞争力。

（二）职业教育中的创业精神培养

职业教育中的创业精神培养是提升学生综合素质和适应未来社会发展需求的重要途径。在新媒体时代，职业院校通过多种方式强化学生的创业精神，使其具备市场敏锐度和创新能力。创业课程和实训项目是职业教育中培养学生市场分析能力的重要手段。这些课程不仅教授学生基本的商业理论，还通过模拟真实的商业环境，让学生学会识别和把握商业机会。通过分析市场动态，学生能够更好地理解市场需求，预测市场趋势，从而在未来的职业生涯中占据有利位置。

引导学生参与社会企业项目也是职业教育中创业精神培养的重要环节。通过这些项目，学生能够增强社会责任感和加深对可持续发展的理解。这不仅有助于培养学生的商业道德和社会责任意识，还能让他们在实践中体会到企业对社会的影响力和责任。参与社会企业项目的经历，使学生在创业过程中更加关注社会价值的创造，推动可持续发展理念的落地。

鼓励学生参与创业竞赛是提升其创新能力和团队合作精神的有效方式。创业竞赛为学生提供了一个展示创意和验证商业模式的平台，通过竞赛，学生能够锻炼自己的创新思维，激发创业热情。在竞赛中，学生需要与团队成员密切合作，共同解决问题，这不仅提升了他们的团队协作能力，也培养了他们在压力环境下的应变能力和领导力。

（三）创业精神对职业发展的影响

在新媒体时代，职业院校的文化育人策略需要紧密结合创新思维与创业精神的融合培育，以应对不断变化的社会经济环境。在职业教育中，创业精神的培养不仅是学生个体发展的重要组成部分，也是整体教育体系提升的关键因素。创业精神对职业发展的影响体现在多个方面，首先，它促使学生具备主动学习和自我驱动的能力。这种能力使学生在职业发展中能够主动寻求机会和解决问题，而不是被动等待。通过这种主动性，学生能够在职业生涯的早期阶段就形成良好的职业习惯，为未来的职业发展奠定坚实的基础。

创业精神的培养能够增强学生的风险意识，使他们在面对不确定性时能够做出合理决策。这种能力在现代职业环境中尤为重要，因为快速变化的市场环境和技术进步要求员工具备快速适应和决策的能力。通过在教育阶段培养这种能力，职业院校可以帮助学生在进入职场后更快地适应变化，提高他们的职业适应能力，从而在竞争激烈的就业市场中占据优势。

创业精神还鼓励学生在职业生涯中持续创新。创新不仅是企业发展的动力，也是个人职业发展的核心竞争力。在职业教育中，培养学生的创新能力和思维方式，使他们能够在快速变化的市场环境中保持竞争力。这种持续创新的能力，不仅有助于个人职业生涯的发展，也为企业和社会的发展提供了源源不断的动力。职业院校通过课程设计和实践活动，帮助学生将创新精神融入日常学习和生活中，培养他们的创造性思维。

团队合作能力也是创业精神培养的重要方面。通过创业精神的培养，学生能够提升团队合作能力，增强在多元化工作环境中有效沟通和协作的能力。在现代职场中，团队合作是完成复杂任务和实现项目目标的关键。职业院校通过模拟企业环境的教学模式，培养学生的团队合作意识和能力，使他们在进入职场后能够更好地适应团队工作，发挥个人优势。

三、创新与创业教育课程的设计与实施

（一）课程设计原则

课程设计原则在创新与创业教育中扮演着至关重要的角色。课程设计应当从学生的实际需求出发，确保课程内容与行业标准紧密结合。这种结合不仅可以提升学生的职业竞争力，还能使他们在毕业后更快地适应职场变化。新媒体时代的信息更新速度极快，课程设计者需要时刻关注行业动态，及时更新教学内容，以便学生能掌握最新的行业技能和知识。通过这种方式，课程不仅能为学生提供理论支持，还能为他们的职业生涯提供实质性的帮助。

在课程设计中，跨学科整合是培养学生综合素养和创新能力的关键。不同学科知识的交叉应用可以激发学生的创造力，帮助他们在复杂的职业环境中找到创新的解决方案。比如，将信息技术与传统工科课程相结合，可以培养学生在数字化生产环境中的适应能力。通过跨学科的学习，学生不仅能拓宽知识面，还能提升解决实际问题的能力。这种综合素养的培养，将为学生在未来的职业生涯中提供更广阔的发展空间。

互动性是创新与创业教育课程设计中不可或缺的元素。新媒体技术的引入，为课程设计提供了更多的互动可能性。通过使用虚拟现实、在线协作平台等工具，学生可以在一个动态、互动的环境中学习。这种学习方式不仅增强了学生的参与感，还能激发他们的学习主动性和积极性。在互动过程中，学生能够更好地理解课程内容，并在实际应用中检验自己的学习成果。互动性设计的课程，不仅能提高教学效果，还能培养学生的团队协作和沟通能力。

明确的课程目标是确保学习成果满足未来职业发展需求的基础。在课程设计中，以培养学生的职业素养和专业技能为核心，不仅能为学生提供明确的学习方向，还能帮助他们在职业发展中找到自己的定位。课程目标的设定应当结合市场需求和行业发展趋势，以确保学生在毕业时具备足够的竞争力。

（二）教学方法创新

在新媒体时代，职业院校的教学方法创新成为培养学生创新思维与创业精神的关键。传统的教学模式往往以教师为中心，学生被动接受知识，这种模式在信息爆炸的时代显得捉襟见肘。因此，教学方法的创新显得尤为重要。引入

翻转课堂模式是实现教学方法创新的有效途径之一。在翻转课堂中，学生被鼓励在课前自主学习相关知识，课堂上则通过深入讨论和实践活动，增强学习的主动性和参与感。这种模式不仅提高了学生的学习效率，还培养了他们的自主学习能力和批判性思维。通过翻转课堂，学生能够更好地掌握课程内容，并在互动中提升解决问题的能力。

实施团队合作项目也是实现教学方法创新的重要组成部分。团队合作项目通过小组分工协作的形式，培养学生的沟通能力和团队精神。在项目实施过程中，学生需要与组员进行有效的沟通与协调，这不仅有助于增进对课程内容的理解与应用，还能锻炼学生的社会交往能力和领导才能。通过团队合作，学生能够在真实的情境中学习如何合作解决问题，提升他们的实践能力和创新意识。这种教学方法有助于学生在未来的职业生涯中更好地适应团队工作环境。

利用在线学习平台创建互动式学习环境，是实现新媒体时代教学方法创新的另一重要途径。在线学习平台为学生提供了灵活的学习方式，学生可以根据自己的时间安排进行学习，提升学习的灵活性和趣味性。通过在线平台，学生之间可以进行即时的交流与合作，形成学习共同体，促进知识的分享与传播。这种互动式学习环境有助于学生在多样化的学习资源中拓宽视野，培养其自主学习能力和创新思维。在线学习平台的使用，打破了传统课堂的时空限制，为职业院校的文化育人提供了新的可能性。

引入设计思维方法也是教学方法创新的重要策略之一。设计思维强调通过观察、定义问题、构思解决方案等步骤，引导学生系统性地培养创新能力与实践技能。在设计思维的过程中，学生需要从多个角度分析问题，提出创新的解决方案，并在实践中不断调整与改进。这种方法不仅提高了学生的创新能力，还增强了他们的实践操作能力和适应能力。通过设计思维的训练，学生能够更好地应对复杂的现实问题，成为具有创新精神和实践能力的复合型人才。设计思维方法的引入，为职业院校的教育创新提供了新的思路和方向。

（三）课程实施策略

在新媒体时代，职业院校的创新与创业教育课程实施策略需要全面考虑课程的目标、内容和评估方式。制订明确的课程实施计划至关重要，这不仅有助于教师掌握教学进度，也使学生能够清晰了解每个阶段的学习目标。在实施过程中，教师应根据计划内容精心设计教学活动，确保课程的各个部分都能有效衔接。此外，评估方式的多样化也是课程实施策略的重要组成部分，通过多角度的评估，能够更全面地反映学生在创新与创业方面的能力发展。

建立学生反馈机制是优化课程实施策略的关键。通过定期收集学生对课程内容和教学方法的意见，教师可以及时调整教学策略，以更好地满足学生的学习需求。反馈机制不仅可以帮助教师了解学生的学习困难和需求，也为学生提供了一个表达学习体验的平台，从而增强学生的课程参与感和主人翁意识。这种双向互动的反馈机制能够有效促进课程的持续改进和优化。

师生互动活动在创新与创业教育课程中扮演着重要角色。通过开展各种形式的互动活动，教师可以激发学生的学习兴趣和主动性，增强学生的参与感。这些活动不仅包括课堂内的讨论和团队合作，还包括课外的项目实践和竞赛活动。通过这些互动，学生能够在实践中锻炼自己的创新思维和创业能力，同时也能在与教师和同学的交流中获得更多的启发和支持。

利用新媒体技术开发在线学习资源与平台，是提升课程灵活性和可访问性的有效策略。在新媒体时代，学生的学习方式和需求日益多元化，在线学习平台为学生提供了随时随地获取知识的机会。通过在线课程和资源，学生可以根据自己的学习节奏进行学习，教师也可以通过在线学习平台为学生提供个性化的指导和支持。这种灵活的学习模式不仅适应了现代学生的学习习惯，也为课程的创新实施提供了新的可能性。

第四章 新媒体时代职业院校文化育人模式创新

第一节 翻转课堂在文化育人中的应用

一、翻转课堂的基本概念与特点

（一）翻转课堂的定义

翻转课堂是一种以学生为中心的教学模式，通过将传统课堂的教学顺序进行颠倒，强调课前自主学习与课堂互动。这种教学模式的核心在于利用新媒体技术，提供丰富的在线学习资源，使学生能够在课前进行自主学习，提升学习效率。翻转课堂的定义不仅局限于教学顺序的颠倒，更在于重新定义教师和学生在课堂中的角色。教师不再是知识的单向传递者，而是学习过程的引导者和促进者，学生则从被动接受者转变为主动参与者。这一转变促使学生在课前通过视频、音频、电子书等多种形式的资源进行学习，课堂上则通过小组讨论、项目合作等形式加强互动与实践，进一步巩固所学知识。

翻转课堂通常借助新媒体技术，提供丰富的在线学习资源，使学生能够在课前进行自主学习，提升学习效率。新媒体技术的应用不仅丰富了学习资源的种类，也改变了学生获取知识的方式。在翻转课堂中，学生可以通过网络平台自由选择学习资料，按照个人节奏进行学习，这种灵活性大大提高了学习的自主性和个性化。新媒体技术还为教师提供了多样化的教学工具，帮助他们更好地设计和组织教学活动。通过在线测验、论坛等形式，教师可以实时了解学生的学习进度和掌握情况，及时调整教学策略，以适应学生的学习需求。

翻转课堂强调师生之间的互动和合作，教师在课堂上更多地扮演引导者和促进者的角色，鼓励学生积极参与讨论。这种角色的转变要求教师具备更高的教学能力和灵活性，能够根据课堂动态调整教学计划，激发学生的学习兴趣。在翻转课堂中，教师通过设计引导性问题、组织小组活动等方式，促进学生之间的交流与合作，培养他们的批判性思维和团队合作能力。学生在这样的课堂环境中，不仅能够更深入地理解和应用知识，还能提高自己的沟通能力和解决问题的能力，为未来的职业发展奠定基础。

翻转课堂的评估方式多样化，除了传统的考试之外，还包括项目、展示和同伴评估，注重学生的综合素质和实践能力。传统的评估方式往往只关注学生的记忆能力，而翻转课堂则通过多元化的评估手段，更全面地考查学生的学习效果。项目评估要求学生将所学知识应用于实际问题的解决，展示评估则考查学生的表达能力和创新思维，同伴评估则通过学生之间的互评，促进他们的自我反思和相互学习。

（二）翻转课堂的核心特点

翻转课堂作为新媒体时代的一种创新教学模式，其核心特点在于强调学生自主学习，促进学生对知识的主动探索和理解。这种模式颠覆了传统的教学流程，将知识传授的过程从课堂内移至课堂外，学生在课前通过新媒体技术获取知识，课堂上则侧重于知识的内化和应用。这样的安排不仅提升了学生的学习效率，还培养了他们的独立思考能力，使他们在面对复杂问题时能够更加自信和从容。

翻转课堂注重课堂互动，强调通过小组讨论和同伴交流来增强学生的沟通能力和团队合作精神。在这种教学模式下，教师的角色从知识的传授者转变为学习的引导者和促进者。通过设计问题导向的课堂活动，教师鼓励学生积极参与讨论，分享各自的观点和见解。这种互动不仅激发了学生的学习兴趣，还帮助他们在团队合作中学会倾听和尊重他人的意见，从而提升了他们的综合素养。

新媒体技术在翻转课堂中扮演着重要角色，为学生提供了多样化的学习资源和工具，满足了不同学习风格学生的需求。通过视频、动画、在线测验等形式，学生可以根据自己的节奏和兴趣选择学习内容。这种灵活性不仅提高了学习的自主性，还帮助学生更好地掌握知识。此外，新媒体技术的应用也使得课堂教学更加生动和富有吸引力，激发了学生的学习动机。

翻转课堂的评估方式多元化，注重过程性评价，关注学生的学习进展和综合素质的提升。在传统的教学模式中，评价往往仅限于期末考试的结果，而翻转课堂则通过多种形式的评估手段，如课堂表现、项目作业、学习日志等，全面考查学生的学习过程和发展。

二、翻转课堂在职业院校文化育人中的优势

（一）提升学生参与度

翻转课堂模式的应用在职业院校文化育人中展现出显著的优势，尤其是在提升学生参与度方面。通过引导学生提前完成课前学习，这一模式有效地激发了学生的学习兴趣和主动性。学生在课前自主学习相关内容，课堂上便能更有针对性地参与讨论和互动活动。小组讨论和互动活动的设计，不仅增强了学生之间的合作与交流，还促进了他们的积极参与。这种模式强调学生的主体地位，使他们在课堂中不再是被动的知识接受者，而是积极的参与者和探索者。

利用新媒体技术，翻转课堂为学生提供了丰富多样的学习资源。这些资源不仅包括传统的文本材料，还涵盖视频、音频和互动练习等多种形式，使学生能够根据自己的兴趣和学习需求选择合适的学习内容。这种个性化的学习方式极大地提高了学生的参与热情，满足了不同学习风格和节奏的学生需求。通过这种方式，学生的学习不再受课堂时间和地点的限制，学习的主动性和参与感得到了显著增强。

翻转课堂的灵活性是其在职业院校文化育人中的另一大优势。学生可以根据自己的时间安排选择学习的时间和地点，这种灵活性不仅增强了他们的自主性，还提高了学习的效率和效果。教师在翻转课堂中扮演着引导者的角色，通过设计有趣的活动和问题，激励学生积极参与讨论和思考。这种角色的转变使教师能够更好地关注学生的个体差异，提供针对性的指导和支持，进一步提升学生的参与度和学习效果。

（二）促进个性化学习

翻转课堂在职业院校文化育人中的应用，显著促进了个性化学习的发展。不同于传统课堂教学模式，翻转课堂通过支持学生根据自身兴趣和需求选择学习内容，形成个性化学习路径。这一模式的核心在于学生的主动参与和自主选择，使得每个学生都能在学习过程中找到适合自己的方向和节奏。通过这种方式，学生不仅能够更好地掌握知识，还能在学习中发现自己的兴趣所在，进而激发更大的学习动力。

在线学习平台的普及为翻转课堂的实施提供了技术支持。学生可以利用这

些平台，根据自己的学习节奏和时间安排进行自主学习。这种灵活的学习方式打破了时间和空间的限制，使学生能够在任何时间、任何地点进行学习。通过个性化的学习安排，学生可以更有效地管理自己的学习进程，提升学习效率。此外，在线平台还提供了丰富的学习资源，学生可以根据自己的需求进行选择和使用，进一步增强学习的自主性和灵活性。

翻转课堂还鼓励学生在课堂上分享个人的见解和经验，这不仅有助于培养学生的独特思维方式，还能提升他们的个性化表达能力。在这种课堂环境中，学生被鼓励积极参与讨论，分享自己的观点和想法，从而形成一种互动式的学习氛围。这种互动不仅促进了知识的深化理解，还提升了学生的沟通能力和团队合作精神。通过分享和交流，学生能够在互相学习中得到启发，发展出更加全面和多元的思维方式。

教师在翻转课堂中扮演着重要的引导角色。他们能够根据学生的学习反馈，及时调整教学内容和方法，以适应不同学生的学习风格。通过对学生反馈的分析，教师可以更准确地了解学生的需求和困难，进而采取针对性的教学策略。这种灵活的教学方式不仅提高了课堂教学的有效性，也为教师提供了更多的创新空间，使得教学过程更加贴合学生的实际需要。

（三）增强师生互动

在新媒体时代，翻转课堂作为一种创新的教学模式，正在逐渐改变职业院校的文化育人方式。翻转课堂的核心在于通过信息技术和新媒体工具，重新定义传统课堂的角色，使得课堂不仅是知识传授的场所，并且是师生之间互动交流的平台。通过在线讨论平台，师生可以进行即时的交流和反馈，这种互动不仅增强了课堂氛围，还使得学生在学习过程中更加积极主动。在这种环境下，学生不再是被动的知识接受者，而是积极的参与者，他们可以随时提出问题，与教师进行深入讨论，从而在互动中深化对知识的理解。

教师在翻转课堂中扮演着多重角色，他们不仅是知识的传授者，还是学习的引导者和支持者。通过新媒体工具，教师能够实时跟踪学生的学习进度，并根据学生的反馈及时调整教学策略，以提升互动效果。这种灵活性使得教学更加贴近学生的实际需求，教师可以根据不同学生的学习情况，提供个性化的指导和支持，增强师生之间的互动关系。此外，小组项目的引入也为师生互动提供了更多的机会。通过小组合作，学生能够在教师的指导下，共同完成项目任务，增强了团队合作能力，同时也促进了师生之间的互动。

翻转课堂的另一个显著优势在于能够激发学生的主动性。在课堂上，教师通过提问和讨论引导学生进行深度思考，鼓励他们主动探索和发现问题的解决方案。这种互动不仅仅停留在表面，而是深入学生的思维过程，使得学生在学习中更加投入和积极。利用新媒体技术，教师可以分享个人经验和教学资源，激励学生在学习过程中积极提问和交流。这种开放的学习环境，使得学生在学习中更加自信，也为师生之间的互动提供了更多的可能性。

在职业院校中，文化育人不仅仅是知识的传授，更是价值观的引导和能力的培养。翻转课堂通过增强师生互动，为文化育人提供了新的路径。教师在这一过程中，不仅要传授知识，还要通过互动引导学生树立正确的价值观，培养他们的综合素养。这种互动不仅限于课堂内，还可以通过新媒体技术延伸到课堂外，使得师生之间的交流更加频繁和深入。

三、翻转课堂教学设计与实施策略

（一）教学目标设定

在新媒体时代，翻转课堂作为一种创新的教学模式，其教学目标的设定至关重要。明确翻转课堂的文化育人目标，是确保学生在自主学习中提升文化素养与价值观认同的基础。在职业院校中，文化育人不仅要关注知识的传授，更要注重学生文化素养的提升。因此，设定的教学目标应强调学生在学习过程中对文化价值观的理解与认同。通过翻转课堂，学生能够在自主学习中反思自身文化背景与价值观，从而在潜移默化中提升文化素养。

设计符合职业院校特点的课程目标，是增强学生对专业知识的理解与应用能力的关键。职业院校的学生需要在学习中不断提高实践技能，因此，翻转课堂的课程目标应与职业技能紧密结合。通过精心设计的教学目标，学生能够在参与中将理论知识与实际操作相结合，增强对所学专业的理解与应用能力。这不仅有助于提高学生的专业素养，也为其未来的职业发展奠定坚实的基础。

制定评估标准是促进学生综合素质发展的重要环节。在翻转课堂中，评估标准不仅要关注学生的学习结果，也要注重其学习过程与表现。通过多元化的评估方式，可以全面考查学生在翻转课堂中的参与度、思维能力和创新精神。这种评估方式能够激励学生在学习过程中不断挑战自我，提升综合素质，培养适应未来社会发展的能力。

结合新媒体技术，设定学生在课前与课堂上应达到的学习成果目标，是提升学习效果的关键。新媒体技术为翻转课堂提供了丰富的资源和工具，教师可以利用这些技术设定明确的学习成果目标。在课前，学生可以通过新媒体平台进行自主学习，掌握基本知识点；在课堂上，通过互动讨论和实践活动，进一步深化对知识的理解与应用。这样的教学设计能够有效提升学生的学习效果，实现教学目标。

（二）资源准备与选择

在新媒体时代，资源准备与选择是翻转课堂成功实施的关键。选择适合翻转课堂的在线学习平台至关重要。一个功能丰富且用户友好的平台能够有效支持学生的自主学习和互动交流。这样的平台不仅需要提供视频播放、在线测评等基本功能，还需具备实时讨论、资源共享等高级功能，以便于学生在学习过程中随时获取所需信息，进行深入探讨。平台的易用性直接影响学生的学习体验，因而在选择时应充分考虑学生的技术熟悉程度和使用习惯，确保其能够顺畅地进行学习活动。

整合多样化的学习资源是翻转课堂资源准备的重要环节。不同学生的学习风格和需求各异，因此需要提供多种形式的学习材料，包括视频、音频、电子书和互动课程等。这些资源不仅能丰富学生的学习体验，还能通过多感官的刺激增强学生的记忆和理解能力。例如，视频资源可以通过生动的画面和声音传递复杂的信息，而电子书则便于学生在课后进行深入的阅读和思考。通过多样化的资源整合，教师可以更好地满足学生的个性化学习需求，提升教学效果。

设计与课程内容相关的在线测评工具是资源准备中的另一重要环节。这些工具能够帮助学生在课前进行自测，了解自己的学习效果和不足之处，从而激发学生的学习兴趣。在线测评工具应具备即时反馈功能，使学生能够及时纠正错误，调整学习策略。此外，在线测评工具还可以通过数据分析帮助教师了解学生的学习进度和困难点，为后续课堂教学提供依据。通过这种方式，学生不仅能够自我评估，还能在互动中提升学习效果。

创建支持学生互动的论坛或社交媒体群组，是促进学生交流与合作的重要策略。这些平台能够为学生提供一个开放的交流空间，使他们能够分享学习心得，提出问题并互相解答，从而增强学习的社群感。在这样的互动中，学生不仅能够加深对学习内容的理解，还能培养团队合作精神和沟通能力。论坛的成功运作需要教师的积极引导和适时介入，以确保讨论的深度和方向符合课程目标。

（三）课堂活动设计

课堂活动设计在翻转课堂中扮演着至关重要的角色。通过精心策划的活动，能够有效地将学生的注意力从传统的被动接受转变为主动参与。在文化育人中，设计以文化主题为核心的小组讨论活动是一个有效的策略。这种活动不仅鼓励学生分享个人对文化现象的理解与看法，还能在互动中提升他们的文化素养与批判性思维。在小组讨论中，学生们通过交流各自的见解，能够更深入地理解文化的多样性和复杂性，同时也培养了他们的合作能力和沟通技巧。

为了让学生更深入地体验不同文化背景下的价值观与行为规范，组织文化情境模拟活动是一个理想的选择。在这样的活动中，学生可以在真实或虚拟的文化场景中进行角色扮演。这种沉浸式的学习方式不仅能够激发学生的学习兴趣，还能够帮助他们在实践中理解和尊重不同文化的差异。通过角色扮演，学生们能够体验到文化差异带来的挑战与机遇，从而培养他们的跨文化交际能力和适应能力。

文化艺术创作项目是另一种能够激发学生创造力和表达能力的课堂活动。通过鼓励学生利用新媒体技术进行文化作品的创作，如视频短片、海报设计等，学生能够在实践中增强他们的文化表达能力和创新意识。这类项目不仅能够激发学生的艺术潜能，还能够让他们在创作过程中更深刻地理解文化的内涵和价值。新媒体技术的应用，也为学生提供了更多的创作工具和表达方式，使他们能够更自由地展示自己的文化理解和创意。

文化知识竞赛是一个能够激发学生学习兴趣的有效手段。通过团队合作的形式，学生在竞赛中不仅能够加深对文化知识的理解，还能增强团队协作能力与竞争意识。竞赛的形式多样，可以是问答、抢答或者是知识闯关等，这些活动形式能够激发学生的参与热情，并在竞争中激励他们更加积极地学习和探索文化知识。

四、翻转课堂对学生自主学习能力的培养

（一）自主学习意识的激发

翻转课堂作为一种创新的教学模式，在培养学生自主学习能力方面具有显

著的优势。通过翻转课堂模式，学生被激励主动寻找学习资源，这一过程不仅提高了他们的学习参与度，还培养了他们的自我管理和学习规划能力。在新媒体技术的支持下，学生能够接触到多样化的学习内容，这种多样性为学生提供了更多选择的可能性，使他们能够在课前自主选择感兴趣的主题进行学习，从而增强学习的内在动机。同时，翻转课堂强调学生在学习过程中的主动性和互动性，教师可以在课堂中设置自主学习的反馈机制，帮助学生在学习过程中及时反思和调整学习策略。这种反馈机制不仅增强了学生的自主学习意识，还使他们能够在学习过程中不断优化自己的学习方法。

小组合作和同伴评价在翻转课堂中也发挥着重要作用。通过小组合作，学生能够在相互交流和合作中获得不同的学习视角，这种多元化的交流不仅激发了学生的学习兴趣，还增强了他们对自主学习的责任感和参与感。同伴评价则为学生提供了一个互相激励的平台，学生在评价他人和接受评价的过程中，能够更好地认识到自身的优点和不足，从而增强他们的自主学习意识。在这种相互促进的学习环境中，学生逐渐形成了良好的学习习惯和积极的学习态度，从而为他们未来的职业发展奠定了坚实的基础。

（二）自主学习技能的训练

自主学习技能的训练在新媒体时代的翻转课堂中扮演着至关重要的角色。通过翻转课堂，学生不再只是被动的知识接受者，而是积极的学习参与者，这一转变要求学生具备更高水平的自主学习技能。培养信息检索能力是自主学习的基础，通过引导学生使用多种在线资源和数据库，学生不仅能学会如何寻找学习材料，还能提升评估这些材料的能力。这一过程帮助学生在信息过载的时代，筛选出高质量的学习资源，形成批判性思维的基础。在翻转课堂中，教师可以设计任务，要求学生从不同的数据库中搜集资料，以此提高他们的信息检索能力。

强化自我监控技能也是自主学习技能训练的重要组成部分。在翻转课堂中，学生需要定期进行自我评估，以识别学习进展与不足之处。这种自我反思的过程不仅有助于学生掌握学习内容，还培养了他们的自我管理能力。教师可以通过设计反思日志或学习进度报告的形式，帮助学生记录和分析自己的学习过程。此外，鼓励学生设定具体的学习目标，并在学习过程中不断调整，以适应新的学习需求，这样可以更好地增强他们的自我监控能力。

时间管理能力的提高在翻转课堂中尤为重要。学生需要在课前完成大量的自主学习任务，这就要求他们具备良好的时间管理能力。指导学生制订合理的学习计划，能够帮助他们在课前学习与其他学业和生活任务之间找到平衡。教师可以通过教授时间管理工具，如甘特图或优先矩阵，帮助学生规划学习时间，提高学习效率。在翻转课堂的环境下，良好的时间管理不仅能提高学生的学习效果，还能减轻学习压力，增强学习的主动性和积极性。

提高学习策略的多样性是自主学习技能训练的最后一个环节。翻转课堂鼓励学生尝试不同的学习方法，以找到最适合自己的学习方式。思维导图、笔记整理和小组讨论等多种学习策略的应用，可以帮助学生更好地理解和记忆学习内容。教师可以通过设计多样化的学习活动，鼓励学生探索不同的学习策略，并在此过程中发现和发展自己的学习风格。这种学习策略的多样性不仅能提高学生的学习效果，还能增强他们在不同情境下的适应能力。

第二节 项目导向学习（PBL）的实践

一、项目导向学习的基本概念与特点

（一）项目导向学习的定义

项目导向学习（PBL）是一种以学生为中心的教学方法，其核心在于通过实际项目的实施，提升学生在真实情境中解决问题的能力。这种学习模式不仅强调学生的主动参与，还鼓励他们在探索和解决问题的过程中，培养批判性思维和创新能力。在职业院校中，PBL 的应用尤为重要，因为它能够帮助学生将所学知识与实践相结合，提升其在未来职业生涯中的竞争力。通过项目的实施，学生不仅能够获得理论知识，还能在实践中锻炼解决实际问题的能力。

PBL 强调跨学科的知识整合，鼓励学生将不同领域的知识应用于具体项目中，以提升其综合素质与创新能力。这种学习方法打破了传统学科的界限，使学生能够在一个更为广阔的知识背景下进行学习和探索。在职业院校中，PBL 可以通过不同学科的融合，帮助学生更好地理解和应用所学知识，从而提高其创新能力和综合素质。这种跨学科的学习方式，符合新媒体时代对人才的多样化需求，为学生的全面发展提供了广阔的空间。

PBL 注重团队合作，学生在小组中共同协作，发展沟通能力与团队精神，

增强社会交往能力。这种学习模式强调学生在团队中的角色和责任，通过团队合作完成项目，学生能够提高沟通能力和培养团队合作精神。在职业院校中，PBL 的实施有助于培养学生的团队意识和协作能力，这对于他们未来的职业发展至关重要。团队合作不仅能够提高学生的学习效率，还能帮助他们在项目实施过程中，学会如何与他人有效沟通和合作。

（二）项目导向学习的核心特点

PBL 在职业院校中的应用，体现了以学生为中心的教育理念。通过真实项目的实施，学生不仅能够将理论知识应用于实际情境中，还能增强学习动机和参与感。这种学习模式强调学生的主动性和自主性，促使他们在项目中发现问题、提出假设、进行实验和得出结论。项目的真实性和相关性使学生在学习过程中感受到成就感，从而更加积极地投入到学习活动中。

PBL 强调跨学科知识的整合，这种特点使得学生在解决复杂问题时能够运用多种学科的知识和技能，培养创新思维能力。职业院校学生在项目中不仅要掌握专业知识，还需要运用数学、科学、艺术等多领域的知识进行综合分析和解决问题。这种跨学科的学习方式不仅拓宽了学生的知识面，还提高了他们在实际工作中应对多变环境的能力。

团队合作是 PBL 的另一核心特点。在 PBL 模式下，学生通常以小组形式进行项目学习，通过分工协作，共同完成项目任务。在这个过程中，他们不仅提高了沟通能力，还增强了社会交往能力。小组成员在讨论、协作和解决冲突中，学会尊重他人的意见，理解团队合作的重要性。这种合作学习的经验对学生未来的职业发展具有重要意义。

PBL 通过实践和反馈，促进学生的批判性思维和自我反思能力。在项目实施过程中，学生通过不断的试验和错误，反思自己的学习过程和结果，逐步提高解决问题的能力。这种自我反思的过程使学生能够更好地适应变化的环境，具备持续学习和自我提升的能力。

二、项目导向学习在职业院校中的实施步骤

（一）需求分析与目标设定

在职业院校中实施项目导向学习的第一步是进行需求分析与目标设定。通

过分析职业院校学生的文化素养现状，可以明确项目导向学习的具体需求。这一过程需要深入了解学生在文化素养方面的优势与不足，从而为项目的设计提供科学依据。

设定项目导向学习的目标是确保其与职业院校的培养方案和文化育人目标相一致的关键。这些目标不仅需要关注学生的专业技能发展，还应注重提升他们的文化素养和综合素质。项目主题与内容的确定则需围绕文化育人目标进行，设计出符合学生兴趣和专业特点的项目，激发学生的学习动机和参与热情。

评估项目实施的可行性也是需求分析的重要组成部分，包括资源配置、时间安排和教师指导能力等方面的评估，以确保项目能够顺利实施并取得预期效果。

（二）项目规划与设计

项目规划与设计在项目导向学习中扮演着至关重要的角色。项目的成功与否，很大程度上取决于前期规划的周密性和设计的合理性。职业院校在进行项目规划时，需要充分考虑学生的专业背景和文化育人目标。这不仅有助于提升学生的参与感和学习动机，还能使项目更具针对性和实效性。通过选择与学生专业背景紧密相关的项目主题，能够有效激发学生的学习兴趣，增强其对项目的投入度，从而实现文化育人的目标。

在项目主题确定之后，制订详细的项目实施计划是确保项目顺利进行的关键。时间安排、资源配置和任务分配是项目实施计划中的核心要素。合理的时间安排可以避免项目进程中出现的拖延或仓促，确保每个阶段的任务都能按时完成。资源配置则包括人力、物力和信息资源的合理调配，以保证项目的各个环节都能得到有效支持。任务分配需要明确每个参与者的职责，以便于团队合作和项目管理。这些措施的实施，有助于提高项目的管理效率和成果质量。

项目评估标准的设计是项目导向学习中的重要环节。明确的评估指标和反馈机制，不仅能帮助学生在项目实施过程中进行自我反思和改进，还能为教师提供科学的评价依据。评估标准应涵盖项目的各个方面，包括过程和结果的评价。通过及时的反馈，学生能够了解自己的不足，进而进行针对性的改进。这种动态的评估机制，有助于学生在实践中不断提升自己的能力和素养。

（三）项目执行与监控

项目执行与监控在职业院校的项目导向学习中扮演着至关重要的角色。制订详细的项目执行计划是确保项目有序推进的基础。计划中需明确各阶段的任务、时间节点和责任分配，使参与者清晰了解自己的职责和目标。这不仅有助于维持项目的进度，还能在项目复杂性增加时提供清晰的指导方针。项目执行计划的制订需要考虑职业院校学生的特点，结合他们的学习能力和实际操作经验，以便在项目实施过程中激发他们的学习兴趣和动手能力。

建立项目监控机制是项目成功的重要保障。通过定期评估项目进展情况，可以及时识别并解决可能出现的问题，从而确保项目目标的实现。职业院校在实施项目导向学习时，应设计一套完善的监控体系，包括项目进度的跟踪、关键节点的检查，以及问题的反馈和处理。这一过程不仅能帮助教师掌握项目的整体情况，还能为学生提供及时的指导和支持，避免因问题积累而导致项目失败。

鼓励学生在项目执行过程中进行反思与总结，是提升他们学习能力的重要策略。反思与总结促使学生对学习过程进行深刻理解，并在此基础上实现自我提升。这一过程有助于增强学生的自主学习能力，使他们在面对未来的学习和工作挑战时更加游刃有余。职业院校应为学生提供反思和总结的机会和平台，例如通过小组讨论、个人报告等形式，让学生分享和交流他们的项目经验和心得体会。这样不仅能提升学生的学习效果，还能促进他们的团队合作能力和沟通技巧。

三、项目导向学习的课程设计与开发

（一）课程目标的设定

课程目标的设定是项目导向学习课程设计的重要环节。在新媒体时代，职业院校的文化育人需要适应多元文化环境，课程目标的设定应以提升学生的文化素养为核心。通过明确的课程目标，学生能够在多元文化环境中进行有效的沟通与交流。这不仅要求学生掌握基本的语言技能，还需要他们理解不同文化背景下的交流习惯和思维方式，从而在跨文化互动中表现出色。因此课程目标的设定需要考虑学生在全球化背景下的文化适应能力，以使他们在未来的职业生涯中更具竞争力。

明确课程目标对于促进学生的批判性思维能力至关重要。新媒体时代的信息传播速度加快，学生面对的信息量和复杂性显著增加。为了让学生能够对文化现象进行深入的分析与反思，课程目标必须强调批判性思维的培养。通过设计具有挑战性的项目任务，学生将被引导去质疑现状，分析不同文化现象背后的原因，并提出合理的见解。这种能力不仅有助于学生在学术研究中取得进步，还能够在他们的职业生涯中帮助他们做出理智的决策。

设定课程目标以培养学生的团队合作精神，是项目导向学习的核心价值之一。在项目实施过程中，学生需要通过合作与交流来完成复杂的任务。这种合作不仅是技能的训练，更是社会交往能力与协作意识的培养。课程目标的设定应鼓励学生在团队中互相学习、分享知识，并通过合作解决问题。这样的学习体验不仅提升了学生的专业技能，还增强了他们的社会责任感和集体意识，使他们在未来的职业环境中能够更好地融入团队。

（二）课程内容的选择

课程内容的选择在项目导向学习中扮演着至关重要的角色。它不仅决定了学生在学习过程中所接触的知识范围，还影响着学生的学习兴趣与动力。在新媒体时代，课程内容的选择需要全面考虑文化多样性和全球化背景下的教育需求。通过引入多元文化的基本概念与核心价值，课程内容能够帮助学生更好地理解不同文化背景下的价值观与行为规范。这种理解不仅有助于培养学生的跨文化交际能力，还能增强他们对全球化背景下文化差异的敏感性，促进文化包容与社会和谐。

在课程内容的选择中，团队合作与沟通技巧的培养是不可或缺的组成部分。项目导向学习强调学生在团队中的协作与交流，因此，课程内容需特别关注这些能力的培养。通过设计相关的课程活动和任务，学生能够在真实的项目环境中锻炼自己的团队合作能力，学会如何在多样化的团队中有效沟通与合作。这不仅提高了学生在项目中的参与度，还为他们今后在职场中的团队协作打下坚实基础，增强其职场竞争力。

课程内容应设计实践性强的文化项目，以鼓励学生在真实情境中应用文化知识。这种实践导向的学习方式能够有效提升学生解决实际问题的能力。在课程开发中，教师可以通过引入真实案例和情境模拟，让学生在解决实际问题的过程中，运用所学的文化知识和技能。这种方法不仅提高了学生的学习效果，还激发了他们的学习兴趣和创新思维，促使他们在实践中不断探索和反思。

课程内容需整合跨学科知识，促进学生将不同领域的理论与实践相结合。通过跨学科的课程设计，学生能够在学习过程中接触更广泛的知识领域，增强综合素质与创新能力。跨学科的整合不仅有助于拓宽学生的视野，还能培养他们的批判性思维和问题解决能力。在项目导向学习中，学生通过跨学科的学习体验，可以更好地理解和应用不同学科的知识，为未来的学习和职业发展奠定坚实的基础。

（三）课程资源的整合

课程资源的整合在项目导向学习中扮演着至关重要的角色。通过将多种形式的资源进行有机结合，可以有效提升课程的吸引力和教学效果。在新媒体时代，整合多媒体资源，如视频、音频和互动课程，成为丰富课程内容的重要手段。这些多媒体资源不仅能够直观地展示复杂的概念和过程，还能够通过生动的视觉和听觉刺激，增强学生的学习体验和文化理解能力。通过多样化的资源，学生能够在不同的学习情境中进行探索和思考，从而加深对所学内容的理解和记忆。

建立线上学习平台是课程资源整合的另一关键环节。这样的平台不仅为师生提供了一个便捷的资源共享和交流空间，还促进了学习的社群感和互动性。在线学习平台使得课程资源的更新和获取更加灵活，学生可以根据自己的学习进度和需求，自主选择学习材料。此外，师生之间的互动也不再受时间和空间的限制，通过论坛、实时聊天和视频会议等方式，学生可以随时向教师请教问题，分享学习心得，与同学进行讨论，形成良好的学习氛围。

引入行业专家和文化实践者，通过讲座和工作坊等形式，为学生提供接触实际应用的机会。这些实践活动不仅拓宽了学生的视野，还提升了他们的文化素养和实际应用能力。行业专家带来的前沿知识和实践经验，使学生能够了解行业的最新动态和发展趋势，激发他们的学习兴趣和职业规划意识。而文化实践者的参与，则为学生提供了亲身体验文化的机会，帮助他们在真实的文化情境中进行学习和反思，从而实现理论与实践的有效结合。

第三节　体验式学习与实践教学的结合

一、体验式学习的基本概念与特点

（一）体验式学习的定义

体验式学习是一种以学生为中心的学习方式，通过直接参与实践活动，使学生在真实情境中获得知识和技能。这种学习方式的核心在于学生的主动参与和实践，通过亲身体验来促进学习和成长。体验式学习不仅是知识的传递，更是通过实际操作和体验来加深理解和掌握。在职业院校中，这种学习方式尤其重要，因为它能够将理论与实践紧密结合，使学生在真实的工作环境中锻炼技能，提升职业素养。

体验式学习强调反思的重要性，学生在实践后进行自我评估和总结，从而深化对所学内容的理解和应用能力。反思是体验式学习的关键环节，通过反思，学生能够认识到自身的不足和优势，明确未来的学习方向。在反思过程中，学生不仅要回顾所学内容，还要思考如何在实践中更有效地应用这些知识。因此，反思不仅是对过去的总结，更是对未来学习的指引，帮助学生在不断的自我完善中提升综合素质。

该学习模式注重情感体验，学生通过亲身参与和感受，增强对学习内容的情感认同和内在动机。情感在学习中扮演着重要角色，它不仅影响学习的效果，还直接关系学生的学习态度和动力。在体验式学习中，学生通过切身的体验和感受，能够更深刻地理解学习内容，增强对所学知识的情感认同。这种情感上的共鸣能够激发学生的学习热情，使他们更加主动地参与学习活动，从而提高学习效果。

体验式学习鼓励跨学科的知识整合，学生在不同领域的实践中应用多种知识，提升综合素质和创新能力。在现代教育中，单一学科的知识已经无法满足社会对复合型人才的需求。体验式学习通过跨学科的整合，使学生在不同的实践情境中应用多种知识，培养他们的综合素质和创新能力。职业院校可以通过多学科的联合项目、跨专业的实践活动等方式，推动学生在多元知识的交汇中实现创新与突破。

（二）体验式学习的核心特点

体验式学习作为一种创新的教育模式，其核心特点在于强调实践参与。学生通过直接参与各种活动，不仅能够获得实际经验，还能大大增强对知识的理解和应用能力。这种学习模式不同于传统的课堂教学，它更加强调学生在真实情境中的主动参与和互动，使得学生能够在实践中检验和巩固所学知识。以这种方式学习，学生不仅是知识的接受者，更是知识的创造者和应用者，这种角色的转变有效地提高了学生的学习积极性和参与感。

体验式学习注重反思，这也是其核心特点之一。学生在实践活动后，通过自我评估和反思，能够深化对所学内容的理解，并促进持续学习。反思的过程使学生能够认识到自身的不足和优势，从而在后续的学习中进行有针对性的调整和改进。这种自我反思的能力是学生终身学习的重要基础，也是职业院校培养学生的重要目标之一。通过反思，学生能够不断提升自己的认知水平和实践能力，适应不断变化的社会需求。

体验式学习还强调情感体验，这对学生的学习动机具有重要影响。学生在亲身参与活动的过程中，通过与环境、他人以及学习内容的互动，能够增强对学习内容的情感认同。这种情感上的共鸣能够激发学生的内在学习动机，使其在学习过程中不仅关注知识的掌握，更关注学习过程中的情感体验和价值观的形成。这种情感体验的融入，使得学习不再是一种单纯的认知活动，而是一种全方位的体验过程。

体验式学习鼓励跨学科知识的整合，这也是其区别于传统教学模式的一个重要特点。学生在不同领域的实践中，能够将多种知识进行整合和应用，提升自身的综合素质和创新能力。这种跨学科的学习方式，能够培养学生的系统思维和创新思维，使其在面对复杂问题时，能够从多个角度进行分析和解决。这种能力的培养，正是新媒体时代职业院校文化育人模式创新的目标之一。

二、实践教学在职业院校中的重要性

（一）实践教学的角色

实践教学在职业院校中扮演着至关重要的角色，它为学生提供了一个真实的学习环境，使他们能够将理论知识应用于实际操作中，这不仅有助于学生更好地理解和掌握专业技能，而且能够将课堂上学到的抽象概念具体化。在实践教学中，学生面对真实的工作场景和问题，需要运用所学知识进行分析和解决，这一过程极大地提高了他们的学习效果和技能水平。实践教学的这种角色在新媒体时代尤为重要，因为现代社会对技能的要求越来越高，职业院校必须培养出能够适应快速变化的技术环境的人才。

通过实践教学，学生能够在团队合作中锻炼沟通能力和协作精神，这对于增强他们的社会交往能力至关重要。在实践课程中，学生通常需要与同学一起完成任务，这就要求他们在团队中有效沟通、分配任务和解决冲突。这种合作环境不仅培养了学生的团队协作能力，也帮助他们学会如何在压力和挑战中保持积极的态度和高效的工作方式。这些技能在未来职场中是不可或缺的，新媒体时代的职业院校必须重视通过实践教学来培养学生的这些能力，以满足未来职场的需求。

实践教学还强调反思与总结，学生在完成实践任务后进行自我评估，这一过程帮助他们深化对所学知识的理解，促进持续学习。在实践教学中，学生不仅要完成具体的任务，还需要在完成后进行反思，思考哪些地方做得好，哪些地方需要改进。通过这种反思，学生能够更清楚自己的优缺点，明确未来学习和发展的方向。这种自我评估和反思的过程是学生自我成长的重要环节，有助于他们在职业生涯中不断进步和完善自己。

实践教学为学生提供了探索和创新的机会，通过参与不同的实践活动，激发他们的创造力和解决问题的能力。在职业院校的实践教学中，学生可以接触到各种实际问题和挑战，这为他们提供了一个探索和创新的空间。在解决这些问题的过程中，学生需要运用创造性思维，提出创新的解决方案，这不仅提升了他们的创新能力，也增强了他们在面对复杂问题时的信心和能力。

（二）实践教学的优势

实践教学在职业院校教育中具有显著的优势。实践教学能够显著增强学生的动手能力，使其在真实操作中掌握专业技能。这种教学模式通过提供真实的操作环境，使学生能够将理论知识应用于实际情境中，提升其实际工作能力。在职业教育中，理论与实践的结合是培养高素质技能型人才的关键，而实践教学正是实现这一目标的重要途径。通过在真实环境中进行操作，学生不仅能够加深对所学知识的理解，还能提高解决实际问题的能力，为未来的职业发展打下坚实的基础。

实践教学使学生能够在真实情境中体验职业角色，增强对未来职业的认知和适应能力。在职业院校中，学生的学习目标不仅是掌握理论知识，更重要的是为未来的职业生涯做好准备。通过实践教学，学生可以更早地接触到未来可能从事的工作环境和工作内容，从而更好地理解职业要求和行业标准。这种早期的职业角色体验，有助于学生明确自身的职业发展方向，提高其职业适应能力和职业素养，为走向社会做好充分的准备。

实践教学还在培养学生的创新思维方面发挥了重要作用。面对快速变化的社会和技术环境，创新能力已成为职场竞争的关键要素。实践教学通过提供实际问题和挑战，激励学生探索新方法和创造性解决方案。学生在解决实际问题的过程中，不仅锻炼了自己的创新思维，还提高了其应对复杂情况的能力。这种创新能力的培养，不仅对学生个人发展至关重要，也为社会和行业的发展注入了新的活力。

三、体验式学习与实践教学的整合策略

（一）整合的必要性

体验式学习在职业院校的教学中扮演着重要角色。它不仅能够提高学生的实践能力，还可以让学生在真实情境中应用所学知识，掌握专业技能。这种学习方式强调通过实际操作和亲身体验来内化知识，使学生能够更好地理解和运用所学内容。通过将体验式学习与实践教学整合，学生们可以在多样化的学习环境中培养创新思维，激励他们探索新的解决方案。这种整合策略不仅满足了职业教育的需求，还为学生提供了更为广阔的学习和发展空间。

体验式学习与实践教学的结合，能够有效地增强学生对学习内容的情感认同。体验式学习强调情感体验，使学生在学习过程中产生积极的情感反应，从而提高其学习的内在动机与参与感。情感的投入使得学习不再是枯燥的知识传授过程，而是充满活力和乐趣的探索旅程。这种情感上的认同感，能够促使学生更加主动地参与学习，进而提高学习效果。同时，通过整合体验式学习与实践教学，学生能够在多样化的学习环境中获得更为丰富的学习体验。

整合策略的实施，还能够培养学生的团队合作精神。通过小组活动，学生可以学习有效的沟通与协作技巧，这对于他们未来的职业生涯至关重要。团队合作不仅是任务分配和协作，也是对学生沟通能力、领导能力和解决问题能力的综合考验。在体验式学习中，学生通过共同完成任务，能够更好地理解团队合作的意义，并在实践中不断提升自己的团队协作能力。这种能力的培养，为学生在未来的职业发展奠定了坚实的基础。

体验式学习与实践教学的结合，还能够促进学生的自我反思能力。学生在实践后进行总结，能够更深入地理解所学内容，并通过反思不断改进自己的学习方法和策略。自我反思是学习过程中不可或缺的一部分，它不仅能帮助学生巩固所学知识，还能促使他们不断进步。通过体验式学习与实践教学的整合，学生能够在实践中发现问题，并在反思中找到解决方案，从而实现知识的深化和能力的提升。

（二）整合的实施步骤

整合的实施步骤是体验式学习与实践教学结合的重要环节，旨在通过系统化的步骤实现教育目标的有效对接。明确学习目标是至关重要的。只有在目标清晰的前提下，才能确保体验式学习与实践教学的目标相互对接，形成一致的教育方向。这需要教师在课程设计时充分考虑学生的需求和职业发展的趋势，确保设定的目标既能反映学生的兴趣，又能满足社会对职业技能的要求。通过明确的目标，学生在学习过程中可以更有方向感，提升学习的主动性和积极性。

设计多样化的实践活动是整合步骤中的核心环节。结合不同学科知识，设计出丰富多样的实践活动，不仅可以增强学生的综合素质，还能提升其创新能力。这种多样化的实践活动应当突破传统课堂教学的限制，充分利用职业院校的资源优势，开展校内外结合的实习、项目合作等活动。通过真实情境的模拟和实践，学生可以更好地将理论知识应用于实际问题的解决，培养出适应新媒体时代需求的复合型人才。

建立反思机制是深化学习效果的重要手段。鼓励学生在每次实践活动后进行自我评估和总结，有助于促进对所学内容的深入理解。反思机制不是对活动结果的简单回顾，而是对整个学习过程的深度剖析。通过反思，学生可以发现自身的不足之处，并在后续学习中加以改进。同时，教师也可以通过学生的反思报告，了解教学效果，调整教学策略，形成良性循环的教学模式。

促进师生互动是整合步骤中不可或缺的一部分。通过定期的反馈和讨论，增强学习过程中的沟通与协作，有助于形成良好的学习氛围。师生互动不仅可以及时解决学生在学习过程中遇到的问题，还能通过互动激发学生的学习兴趣和创造力。在新媒体技术的支持下，师生之间的互动形式可以更加多样化，如利用在线学习平台进行实时讨论、通过社交媒体进行课后交流等，进一步提升教学效果。

（三）整合的关键要素

在新媒体时代，职业院校的文化育人模式面临着前所未有的挑战与机遇。整合体验式学习与实践教学的关键要素在于明确学生的学习需求。通过细致的调研和反馈机制，教育者能够深入了解学生的个性化学习目标。这不仅有助于制定更具针对性的教学策略，还能确保教学内容与学生的实际需求相契合，进而提升学习效果。在此过程中，学生的参与感和反馈是至关重要的，因为他们的直接反馈可以帮助教育者调整和优化教学策略，以更好地满足学生的学习需求。

建立跨学科的合作机制是整合体验式学习与实践教学的另一个关键要素。通过鼓励不同专业的教师共同设计课程和实践活动，学生的学习体验将得到极大丰富。这种跨学科的合作不仅可以打破专业壁垒，使学生在实际应用中获得多维度的知识，还能培养他们的综合分析能力和创新思维。在这种合作机制下，教师之间的交流与协作也能提升教学质量，使课程设计更具创新性和实用性，从而更好地服务于学生的全面发展。

利用新媒体技术为学生提供多样化的学习资源和平台，是提升学生互动性和参与感的有效手段。新媒体技术的应用可以打破传统课堂的时空限制，为学生创造一个更加开放和灵活的学习环境。通过多样化的学习资源，学生可以根据自己的兴趣和需求进行自主学习。同时，新媒体平台的互动功能也能增强学生的参与感和学习动力，促进他们在学习过程中进行深度思考和广泛探索，从而提升学习的深度和广度。

设计有效的评估体系是整合体验式学习与实践教学中不可或缺的一环。传统的评估往往侧重于学生的学业成绩，而忽视了他们在实践中的表现和反思能力。为了全面评估学习效果，评估体系需要关注学生在实践活动中的表现，以及他们对所学内容的深刻理解和反思能力。通过这种全面的评估，教育者可以更准确地了解学生的学习进展情况，并为他们提供更有针对性的指导和支持，帮助学生实现更高水平的学习目标。

第四节　校企双元协同育人

一、校企合作的组织模式与机制

（一）合作模式分类

在新媒体时代，校企合作的模式呈现出多样化的特点。校企合作的联合培养模式，通过共同设计课程和实践项目，实现学生在校学习与企业需求的无缝对接。这种模式强调学校与企业的深度融合，课程设计不仅要考虑学术知识的系统性，还要融入企业实际需求，使学生在学习过程中就能接触行业前沿技术和真实的工作场景。这种无缝对接的培养方式，不仅提高了学生的职业适应能力，也为企业提供了符合其需求的高质量人才储备。

校企合作的实习实训模式，提供学生在企业真实环境中进行实习的机会，增强其职业技能与实践经验。在这种模式下，学生能够在真实的企业环境中应用所学知识，解决实际问题，从而提升其动手能力和解决问题的能力。企业则通过这种模式，能够提前考查和培养潜在的员工，减少新员工的培训成本和适应期。这种实习实训模式，不仅提升了学生的实践能力，也为企业和学校之间的长期合作奠定了基础。

校企合作的科研合作模式，促进学校与企业在技术研发、项目合作等方面的深度合作，提高学生的创新能力与科研素养。在这种合作中，学校的科研力量和企业的市场需求相结合，推动了技术创新和成果转化。学生在参与科研项目的过程中，不仅提升了自身的科研素养，还积累了宝贵的创新经验。企业则通过这种合作，获得了技术支持和创新动力，增强了市场竞争力。

校企合作的资源共享模式，则是学校与企业共同利用资源，包括设备、场地和师资，实现优势互补，提升教育质量。通过资源共享，学校可以利用企业的先进设备和技术，丰富教学内容，企业则可以借助学校的科研力量和人才资源，推动自身的发展。这种资源共享模式，不仅优化了资源配置，还促进了教育与产业的深度融合，提高了职业教育的整体水平。

（二）组织结构设计

在新媒体时代，职业院校与企业的合作模式正面临着前所未有的机遇与挑战。组织结构设计作为校企合作的重要组成部分，是实现高效协同育人的关键。校企合作的组织结构应具备清晰的管理层级，以确保各方责任分明，促进高效沟通与协调。明确的管理层级不仅有助于各方在合作过程中保持一致的目标和方向，还能够有效避免因职责不清而导致的沟通障碍和执行困难。通过合理的组织结构设计，校企双方可以更好地发挥各自的优势，实现资源的最优配置。

建立校企合作委员会是组织结构设计中的重要环节。该委员会应定期召开会议，讨论合作进展、项目开发及课程设计等重要事项。通过委员会的运作，可以确保校企双方在合作中的目标一致，方向明确。委员会的存在不仅有助于及时解决合作中出现的问题，还能够为合作的长期发展提供战略指导。委员会的决策过程应透明、公正，以增强双方的信任和合作的稳定性，从而为职业院校文化育人模式的创新提供坚实的保障。

为了提高合作项目的执行力和针对性，设计专门的项目小组是必不可少的。项目小组负责具体的合作项目实施，确保实际需求得到满足。通过项目小组的专业化运作，可以有效提升项目的执行效率和质量。项目小组的成员应包括来自职业院校和企业的专业人员，他们能够从不同角度出发，为项目的顺利推进提供支持。项目小组的设置不仅能够提高合作的灵活性和适应性，还能为职业院校的学生提供更多的实践机会，促进学生的全面发展。

制定校企合作协议是确保合作顺利进行的重要法律保障。协议中应明确合作内容、资源分配、利益共享及风险承担等条款。通过法律的形式，将双方的权利和义务进行明确界定，可以有效避免合作中的纠纷和矛盾。合作协议的制定过程应充分考虑双方的实际需求和利益，确保协议的公平性和合理性。协议的存在为校企合作提供了一个稳定的框架，使得合作可以在一个可控的环境中进行，进而促进职业院校文化育人模式的不断创新。

（三）运行机制优化

在新媒体时代，职业院校与企业的合作面临着前所未有的机遇与挑战。运行机制的优化是校企合作成功的关键。优化运行机制不仅仅是对现有合作模式的改进，还是对未来合作的创新。通过建立常态化的交流机制，校企双方可以定期举行座谈会和研讨会。这种交流不仅有助于信息和经验的及时分享，还能促进合作的深入发展。通过不断地沟通，学校可以更好地理解企业的需求，而企业也能更清晰地了解学校的教育目标和学生的培养方向，从而实现合作的共赢。

在课程设计方面，优化流程是确保校企合作成功的另一个重要环节。课程内容的设计应与企业的实际需求紧密结合，这需要企业专家的积极参与。通过企业专家的指导和建议，课程不仅能够提升实用性，还具有一定的前瞻性。这种合作模式不仅能够提高学生的实践能力，还能够使学生在毕业后更快地适应工作环境。此外，课程设计的优化也能帮助学校在教育市场中保持竞争力，吸引更多的优质生源。

为了确保校企合作的效果，制定科学的绩效评估标准是必要的。定期对合作效果进行评估和反馈，可以帮助双方及时调整合作策略，确保双方的利益和目标一致。这种评估不仅是对合作效果的检验，更是对未来合作方向的指导。通过客观地评估，学校和企业可以发现合作中的不足之处，从而进行针对性的改进，提升合作的质量和效果。

资源共享是校企合作中不可或缺的一部分。利用新媒体技术，学校和企业可以在设备、场地、师资等资源上实现高效整合与共享。这种资源共享不仅能够提升教育质量，还能降低双方的运营成本。在新媒体技术的支持下，校企合作的资源共享平台可以实现实时更新和互动，为合作的深化提供了技术保障。这种共享模式不仅能够提高资源的利用率，还能促进双方在更广泛领域的合作。

二、校企协同育人的课程设计与实施

（一）课程目标设定

在新媒体时代，职业院校的文化育人模式需要在课程目标设定上进行创新，以适应多元化的社会需求。课程目标设定是教育过程中的关键步骤，直接影响学生的学习效果和职业发展。通过设定明确的课程目标，职业院校可以有效提升学生对多元文化的理解与包容能力。这一目标旨在培养学生在全球化背景下的文化敏感性，使他们能够在国际化的环境中进行有效的文化交流。通过课程内容的精心设计，学生将有机会接触不同文化背景的案例和实践，增强他们的跨文化沟通能力。

设定课程目标还需注重增强学生的批判性思维能力。批判性思维是学生在面对复杂文化现象时进行深入分析与反思的基础。通过课程的引导，学生将学习如何质疑和评估文化信息的真实性和价值，培养独立思考的能力。这一目标的实现需要教师在课程中融入批判性思维的训练，通过探讨文化现象的多面性和复杂性，鼓励学生提出自己的见解和解决方案。

课程目标的设定同样要关注培养学生的团队合作精神。职业院校的学生未来将面临团队协作的工作环境，因此，通过参与项目导向学习，学生可以提升其社会交往能力与协作意识。在课程中，学生将参与小组项目，学习如何在团队中分工合作，解决实际问题。这不仅提高了他们的团队合作能力，也为他们未来的职业生涯打下坚实的基础。

制定课程目标应激发学生的创新能力。创新能力是学生在新媒体时代取得成功的重要素质。通过课程的设计，学生将被鼓励在实际项目中探索新方法和解决方案，培养他们的创造性思维。在这一过程中，教师需要提供支持和指导，帮助学生突破传统思维的限制，激发他们的创新潜力。

明确课程目标以促进学生的自主学习能力是职业院校教育的另一个重要方

面。在信息爆炸的时代，学生需要具备主动学习的能力，以便在不断变化的环境中保持竞争力。课程应通过多样化的学习资源和灵活的学习方式，鼓励学生在学习过程中主动寻求知识与技能的提升。

（二）教学内容整合

在新媒体时代，职业院校的文化育人模式正面临着前所未有的挑战与机遇。校企协同育人的课程设计与实施成为这一变革的重要组成部分。在教学内容整合方面，首先需要考虑的是如何将课程内容与学生的专业背景相结合。职业院校的培养目标是为社会输送高素质的技术型人才，因此课程内容必须与这一目标保持一致性。通过结合学生的专业背景，课程设计可以更具针对性和实效性，帮助学生在学习过程中更好地理解和掌握所需的专业技能。

在课程设计中，跨学科知识的整合显得尤为重要。新媒体时代的信息化特点要求学生具备广泛的知识面和综合素质。因此，在设计课程内容时，应积极引入不同学科的理论和实践。这不仅能够拓宽学生的视野，还能提高他们对复杂问题的分析能力和解决能力。通过跨学科知识的整合，学生能够在多元化的学习过程中培养出更强的综合素质，这对于他们未来的职业发展无疑是大有裨益的。

实践性强的课程活动是职业院校教学内容整合的另一个关键。文化知识的学习不仅仅是理论上的理解，更需要通过实际操作和项目参与来加深认识。因此，课程设计应注重实践环节，鼓励学生通过动手实践和参与项目来增强对文化知识的理解和应用能力。这种实践导向的教学方式，不仅能够提高学生的动手能力和创新意识，还能增强他们在真实工作环境中的适应能力。

（三）实践教学安排

实践教学是职业院校文化育人模式中的关键环节，其安排直接关系学生的实践能力和文化认知的提升。通过结合实际项目，设计符合职业院校特色的文化主题活动，能够有效增强学生的实践能力。在这些活动中，学生不仅能够将课堂所学应用于实际，还能在真实的工作环境中体会到文化的多样性和复杂性。这种结合理论与实践的教学方式，能够帮助学生更好地理解文化在职业中的应用，提升其综合素养。

为了进一步提升学生的跨文化沟通能力，定期安排文化交流活动显得尤为重要。在这些活动中，学生有机会在真实的文化环境中进行实践，与来自不同文化背景的人士互动。这不仅拓宽了学生的国际视野，也提高了他们的跨文化沟通能力。通过这样的实践，学生能够更好地理解和尊重不同文化的价值观和习俗，为未来进入国际化的工作环境做好准备。

新媒体技术的广泛应用为实践教学提供了更多可能性。通过线上线下相结合的教学形式，职业院校可以丰富教学内容，提高学生的参与感和学习效果。线上教学打破了时间和空间的限制，使学生可以随时随地获取知识，而线下实践则为学生提供了宝贵的动手操作机会。这种混合式教学模式不仅激发了学生的学习兴趣，还提升了他们的自主学习能力和团队合作能力。

组织学生参与社会服务项目也是实践教学的重要组成部分。在这些项目中，学生不仅能够将所学知识用于解决实际问题，还能培养其社会责任感和团队合作精神。通过参与社会服务，学生能够更好地理解社会需求，增强服务意识和奉献精神。这种经历对于学生的全面发展至关重要，有助于培养出具有社会责任感和团队合作精神的职业人才。

三、校企合作中的资源共享与整合

（一）资源共享平台

资源共享平台是现代职业教育中不可或缺的组成部分。通过建立校企资源共享平台，职业院校可以集中整合学校与企业的设备、场地与师资资源。这种整合不仅提升了教育质量，还显著增强了实践教学的效果。学校和企业各自拥有的设备和场地在共享平台上得以充分利用，避免了资源闲置和浪费。与此同时，企业的生产设备和实际工作环境为学生提供了真实的学习场景，使理论知识与实际操作紧密结合。这种资源的整合在提升学生实践能力的同时，也为企业培养出更加符合行业需求的人才。

引入企业专家参与课程设计与教学是校企合作中的重要环节。企业专家拥有丰富的行业经验和专业知识，他们的参与确保了课程内容与行业需求的紧密结合。这种合作模式不仅提升了学生的职业素养，还增强了他们的实践能力。在课程设计过程中，企业专家可以根据行业发展的最新趋势和技术要求，提出课程内容的调整建议。通过这种方式，学生在校期间就能接触行业前沿的知识和技能，为他们未来的职业发展奠定坚实的基础。此外，企业专家的参与也为教师提供了宝贵的学习机会，促进了教师专业水平的提升。

定期的校企互动活动是促进信息共享与经验交流的重要方式。通过交流座谈会和研讨会，学校和企业可以分享各自在教育和生产中的经验与成果。这些互动活动不仅提高了校企合作的深度与广度，还为学生提供了与行业专家直接交流的机会。在座谈会中，学生可以了解到企业的实际需求和行业发展的动向，这对他们的职业规划和发展具有重要的指导意义。同时，企业也可以通过这些活动了解学校的教学情况和学生的学习状态，为未来的人才招聘和培养做好准备。

新媒体技术的发展为构建社交平台提供了便利，这种平台的建立促进了师生与企业之间的实时沟通与反馈。通过社交平台，学生可以随时向企业专家请教问题，获取最新的行业信息和技能指导。这种实时的沟通不仅提升了学生的学习体验，也提高了教学效果。教师可以通过平台了解学生的学习进度和困难，及时调整教学策略。

（二）信息交流机制

在新媒体时代，信息交流机制的建立对于职业院校与企业之间的合作至关重要。信息交流机制不仅是双方沟通的桥梁，更是促进资源共享与整合的关键。通过创建定期交流机制，职业院校和企业可以组织各种形式的会议和座谈会。这种机制确保了信息的及时共享与反馈，使得合作能够在一个动态和开放的环境中不断深化。定期的交流不仅有助于双方了解彼此的需求和期望，还能为合作注入新的活力，推动校企合作的深入发展。

新媒体平台的应用为校企之间的信息交流提供了便利。通过创建在线讨论组和社交媒体群组，师生与企业人员可以随时进行互动与沟通。这种在线交流方式打破了传统沟通的时间和空间限制，极大地提升了信息传递的效率。师生可以通过这些平台分享学习心得和实践经验，而企业也能够及时传递行业动态和技术前沿信息。这种信息的双向流动，不仅增强了职业院校教育的实用性，也为企业的人才培养提供了新的思路。

信息共享数据库的设立是校企合作中资源整合的重要手段。通过集中存储与课程设计、项目需求相关的信息，师生和企业可以随时查阅和更新相关资料。这种数据库的建立，不仅提高了信息的可得性，也为校企双方的合作提供了坚实的数据支持。在数据库中，课程设计、项目需求、行业标准等信息的集中管理，有助于教师在课程设计中更好地融入企业需求，同时也为企业提供了了解职业院校教育现状的窗口。

校企联合培训是信息交流机制中的重要环节。通过邀请企业专家为教师和学生提供专业知识与行业动态的分享，职业院校的课程设计可以更加贴近实际需求。这种培训不仅提升了教师的专业水平，也让学生能够接触最新的行业信息和技术发展趋势。通过联合培训，职业院校的课程设置和教学内容能够不断更新和优化，增强课程的实用性与前瞻性，为学生未来的职业发展打下坚实的基础。

（三）设施设备共用

在新媒体时代，职业院校与企业之间的合作越发紧密，设施设备的共用成为校企合作中的重要环节。建立共享实验室是这一合作模式的核心，通过提供学生和企业共同使用的实践空间，不仅促进了技能培训与职业实践的结合，还为学生提供了一个真实的职业环境，使他们能够在学习过程中直接体验行业的最新发展。这种共享实验室的设立，有助于打破传统教育与实际职业需求之间的壁垒，使学生在校期间就能接触企业实际运营中的设备与技术。

整合企业的设备资源，为学生在真实环境中进行操作提供了可能性，从而提升其实践能力与职业素养。在职业教育中，实践能力的培养至关重要，然而学校往往难以单独提供足够的真实设备供学生使用。通过与企业的合作，学校可以利用企业先进的设备资源，使学生在校期间就能获得在企业中才可能接触的实践机会。这种资源的整合不仅提升了学生的动手能力，也增强了他们对未来职业环境的适应能力。

共享教学设备确保了师生和企业员工能够共同参与教学活动，提高了教学效果和学习体验。在校企合作中，教学设备的共享使得企业员工能够参与学校的教学过程，带来企业最新的技术与实践经验。同时，学生也可以通过这种合作模式，了解企业对人才的实际需求，从而更有针对性地进行学习。这样，教学活动不再是单向的知识传递，而是多方参与的互动过程，提升了教学的整体效果。

设立校企合作的设备借用机制，方便学生在课外进行自主学习与项目实践，增强了学习的灵活性。新媒体时代的职业教育强调学习的自主性与灵活性，而设备借用机制的设立正是对这一理念的实践支持。通过这种机制，学生可以在课外时间借用企业的设备进行自主学习或项目实践，不仅拓展了学习的时间和空间，也为学生提供了更多的实践机会，激发了他们的学习兴趣和创新能力。

第五章　新媒体时代职业院校文化育人活动设计

第一节　线上线下融合的文化节庆活动

一、线上活动平台的选择与搭建

（一）平台技术要求

在新媒体时代，职业院校文化育人活动的线上平台选择和搭建至关重要。平台技术要求是确保活动顺利进行的基础。平台的稳定性与安全性是首要考虑因素。平台必须具备可靠的数据加密措施和用户隐私保护机制，以防止任何潜在的数据泄露或攻击事件。稳定的系统架构可以有效支持活动的长时间运行，避免因技术故障导致的用户体验下降。

支持多种媒体格式的兼容性也是平台技术要求中的关键一环。无论是视频、音频，还是图文内容，平台都应具备良好的兼容性，以满足不同内容形式的展示需求。这不仅丰富了活动的表现形式，还能更好地吸引和留住观众的注意力。

高并发访问能力是线上平台必须具备的另一个重要技术要求。在文化节庆活动中，可能会有大量用户同时在线参与，平台需要在高并发情况下保持良好的性能表现。通过合理的服务器架构和负载均衡技术，平台可以有效应对大规模用户的访问，确保活动的流畅进行而不出现延迟或卡顿现象。用户友好的界面设计也是平台成功的关键因素之一。一个简洁明了、易于导航的界面能够大大提升用户的操作体验，使参与者可以轻松找到所需的功能和信息。此外，实时互动功能的实现是线上活动的一大亮点。通过直播、在线投票和评论区等互动功能，参与者可以在活动中即时交流和反馈，增强活动的参与感和互动性。这不仅提高了活动的吸引力，也有助于形成一个积极的线上社区氛围。

（二）用户体验优化

用户体验优化在新媒体时代的职业院校文化育人活动中具有关键作用。通过简化用户导航流程，确保用户能够快速找到所需内容和功能，是提升用户体验的重要手段。简化的导航流程不仅可以减少用户的学习成本，还能够提高用户的参与积极性，使活动信息的获取变得更加便捷和高效。而在多样化的互动形式方面，问答、投票和实时聊天等功能的引入，能够显著增强用户的参与感和互动性。这些互动形式不仅激发了用户的兴趣，还为用户提供了表达观点和交流思想的平台，从而提升了活动的整体吸引力。

个性化推荐系统是用户体验优化的另一个重要环节。通过分析用户的行为和偏好，系统能够推送相关的活动和内容，满足用户的个性化需求。这种个性化的服务不仅提高了用户的满意度，还增加了用户的黏性，使得用户愿意在平台上花费更多的时间和精力。同时，高质量的内容呈现也是用户体验优化的核心。无论是视频、音频，还是图文内容，其清晰度和可读性直接影响着用户的使用体验。高质量的内容不仅能够吸引用户的注意力，还能有效传递活动的核心信息和价值观。

及时的技术支持和反馈机制是确保用户在活动中顺利参与的重要保障。用户在使用平台过程中难免会遇到技术问题，此时，快速响应的技术支持能够有效解决用户的困扰，提升用户的整体体验。此外，反馈机制的建立使用户能够随时提出建议和意见，促进平台的不断优化和完善。这种良性的互动不仅提升了用户的参与感和满意度，还为平台的持续改进提供了宝贵的数据支持和参考依据。

（三）数据安全保障

在新媒体时代，数据安全保障已成为职业院校文化育人活动中不可或缺的一部分。数据加密技术的应用是确保用户信息在传输和存储过程中的安全性的关键手段。通过使用先进的加密算法，平台可以有效地保护用户数据免受未授权访问和恶意攻击。此外，用户身份验证机制的建立是防止未授权访问和信息泄露的重要措施。通过多因素身份验证和生物识别技术，平台可以有效地验证用户身份，确保只有授权用户才能访问敏感信息。

为了进一步提升数据安全，定期进行安全审计与漏洞扫描是必不可少的。通过这种方式，系统可以及时发现潜在的安全隐患，并迅速采取措施进行修复，避免安全事件的发生。此外，建立应急响应机制也是数据安全保障的重要环节。当发生数据泄露或其他安全事件时，能够快速响应和处理，以最大限度地减少损失和对用户的影响。

用户数据的匿名化处理也是保护用户隐私的重要策略。通过对数据进行去标识化处理，平台可以在使用用户数据进行分析和研究时，最大限度地降低数据被滥用的风险。这不仅有助于保护用户的隐私，也能提高用户对平台的信任度，促进文化育人活动的顺利开展。

二、线下活动场地的布置与管理

（一）场地功能分区

在新媒体时代，职业院校文化育人活动的设计需要充分考虑线下活动场地的功能分区。合理的场地功能分区是确保活动顺利进行的基础。在组织文化节庆活动时，需要对场地进行科学的功能划分，如展览区、互动区、休息区等。展览区可以用于展示学生作品或文化产品，提供一个视觉感受的平台；互动区则用于师生及参与者之间的交流互动，增强活动的参与感和趣味性；休息区则为参与者提供放松和休息的空间。各区域的用途需明确，以便参与者能够清晰地找到所需的功能区，提升活动的效率和体验。

场地布置的灵活性是活动成功的关键因素。在文化节庆活动中，场地的布置应具备灵活性，以便根据活动的需求进行快速调整和重新配置。灵活的场地布置能够适应不同规模的活动和多样化的活动内容，满足不同阶段的活动需求。例如，在活动开始前，场地可以布置为集中展示区，而在活动进行中，可以迅速转变为互动交流区。这种灵活性不仅提高了活动的适应性，也增强了参与者的体验感。

安全通道和紧急出口的设置是活动场地管理的重要环节。在任何文化节庆活动中，参与者的安全都是首要考虑的问题。因此，在场地布置时，必须合理设置安全通道和紧急出口，以确保参与者在紧急情况下能够迅速撤离。安全通道的规划应考虑到参与者的流动性和场地的整体布局，避免出现拥堵和混乱的情况。同时，紧急出口的位置和标识应清晰可见，以便参与者在需要时能够快速找到逃生路线。

音响与视觉设备的合理布局能够显著提升活动的整体氛围和参与感。在文化节庆活动中，音响和视觉设备是营造活动氛围的重要工具。合理的设备布局可以确保声音和图像的清晰传递，使参与者能够沉浸在活动的氛围中。例如，音响设备应布置在能够覆盖整个活动区域的地方，而视觉设备如投影仪和显示屏则应放置在参与者视线易及的位置。这样的布局不仅能增强活动的效果，还能提高参与者的满意度。

环境氛围的营造在文化育人活动中具有重要意义。通过主题装饰和文化元素的融入，可以显著增强文化育人的效果。在场地布置中，可以根据活动的主题进行装饰，例如，使用与主题相关的颜色、图案和装饰物，营造出浓厚的文化氛围。

（二）安全管理措施

在新媒体时代，职业院校文化育人活动的安全管理措施至关重要。活动的安全管理不仅是保障参与者人身安全的关键，也是活动顺利进行的基础。制定详细的安全管理方案是确保活动安全的重要步骤。该方案应包括明确的安全责任分工和应急预案，以便在发生突发事件时能够迅速响应和处理。通过合理的分工，可以确保每个安全管理人员明白自己的职责，从而提高整体安全管理的效率和效果。

对参与者进行安全培训是提高其安全意识和应对突发事件能力的有效手段。培训内容应涵盖基本的安全常识、紧急疏散程序以及如何使用安全设备等。同时，培训还应结合实际案例分析，使参与者能够更直观地理解和掌握相关技能。这种培训不仅能够增强参与者的安全意识，还能提高他们在紧急情况下的自救能力，从而为活动的安全进行提供保障。

设置专门的安全管理人员负责现场安全巡查和应急处理，是活动安全管理措施的重要组成部分。这些人员应具备专业的安全知识和丰富的应急处理经验，能够在活动过程中及时发现和排除安全隐患。此外，他们还应保持与活动组织者和参与者的良好沟通，以便在突发事件发生时能够迅速协调各方力量进行应对，最大限度地减少安全事故造成的损失。

配备必要的安全设备，如灭火器、急救箱和监控设备，是确保活动现场安全的重要保障。这些设备应放置在显眼且易于获取的位置，并定期进行检查和维护，以确保其随时可用。此外，活动组织者还应在活动前向参与者介绍这些设备的位置和使用方法，以便在紧急情况下能够迅速有效地加以利用，从而提高活动现场的安全系数。

（三）环境氛围营造

在新媒体时代，职业院校的文化育人活动设计应注重环境氛围的营造。通过精心布置线下活动场地，可以有效提升参与者的体验和活动的整体效果。环境氛围的营造不是对场地的简单装饰，而是通过多种元素的结合，创造出一个富有吸引力和感染力的活动空间。

主题色彩的运用是营造活动视觉吸引力的重要手段。通过选择符合活动主题的色彩，可以在视觉上吸引参与者的注意力，增强他们的沉浸感。例如，在活动中使用明亮的色彩可以传达活力和热情，而柔和的色彩则可以营造出温馨和舒适的氛围。色彩的搭配不仅需要考虑美观性，还需与活动内容相呼应，以达到最佳的视觉效果。

结合地方文化特色进行场地装饰，可以增强参与者的文化认同感和归属感。地方文化是一个地区独特的历史和传统的体现，通过在活动场地中融入地方文化元素，可以使参与者感受到文化的深厚底蕴。例如，在装饰中加入地方传统工艺品、特色服饰或标志性建筑的模型，都可以有效地传递地方文化的信息，激发参与者的文化自豪感。

设置文化元素展示区是提升参与者文化自豪感的有效方式。在展示区中，可以展示学校的历史、成就和文化，让参与者更深入地了解学校的发展历程和文化积淀。这种展示不仅是对学校过往的回顾，也是对未来发展的展望，能够激励参与者为学校的未来贡献自己的力量。

灯光和音响效果的巧妙运用，可以为活动创造出不同的氛围，增强互动性和参与感。通过灯光的明暗变化和色彩调整，可以在不同的活动环节中营造出相应的氛围，如热烈的开场、温馨的交流或激动人心的表演。音响效果则可以通过背景音乐或音效的设计，进一步增强参与者的情感体验和活动的互动性。

三、活动内容的策划与创新

（一）主题创意设计

在新媒体时代，职业院校的文化育人活动需要通过创新的主题创意设计来吸引学生的注意力和参与度。主题创意设计不仅要体现文化的内涵，还需结合当前的社会热点和学生的兴趣，以增强活动的吸引力和教育效果。通过精心策划的主题活动，可以使学生在参与过程中潜移默化地接受文化教育，提升其文化素养和综合能力。

主题活动的多元化设计是提升学生参与感与认同感的关键。结合不同的文化元素，如传统节日、地方特色文化以及国际文化交流等，与学生的兴趣点相结合，可以设计出多元化的主题活动。这种设计不仅能够满足学生的多样化需求，还能通过丰富的文化体验，增强他们对活动的认同感和参与热情，从而达到文化育人的目的。

创新性竞赛活动的策划是激发学生参与热情的重要手段。通过组织文化知识竞赛、创意表演等活动，可以激励学生在竞争中学习文化知识，锻炼表达和合作能力。这些竞赛活动不仅能激发学生的创造力和团队精神，还能通过奖项激励机制，进一步调动学生的积极性和主动性，使文化育人活动更具吸引力和实效性。

融合新媒体技术的互动体验活动为文化节庆活动注入了新的活力。利用VR技术进行文化体验、线上线下联动的文化游戏等新媒体手段，可以为学生提供沉浸式的文化体验。这种互动体验活动不仅能够提升学生的参与感，还能通过现代技术手段，帮助学生更直观地理解和感受文化的魅力，增强文化教育的趣味性和影响力。

邀请校外专业人士或文化名人参与活动是提升活动权威性与吸引力的有效途径。通过与外部专家的合作，活动可以获得更专业的指导和更广泛的社会关注。这种合作不仅能提升活动的专业性和影响力，还能为学生提供与行业专家直接交流的机会，开阔他们的视野，增强他们对文化的理解和认同。

（二）多元化活动形式

多元化活动形式在新媒体时代的职业院校文化育人中扮演着重要角色。这种形式不仅丰富了活动内容，还为学生提供了多样的参与方式，激发他们的兴趣与创造力。通过多元化的活动形式，学生能够在不同的文化情境中体验与学习，促进他们全面发展。职业院校应充分利用新媒体技术的优势，结合线上与线下活动，为学生创造一个多元化的文化育人平台。这种多元化不仅体现在活动的种类上，也体现在活动的组织方式与参与模式上，以满足不同学生的兴趣与需求。

文化主题演讲比赛是多元化活动形式中的一个重要组成部分。通过演讲比赛，学生可以展示个人对文化的理解与认同，增强其语言表达能力。这种活动不仅可以提高学生的口头表达技巧，还能培养他们的批判性思维与独立思考能力。演讲比赛的主题可以涵盖广泛的文化内容，从传统文化到现代文化，从国内文化到国际文化，学生可以根据自己的兴趣选择主题进行充分准备与深入研究。通过这种方式，学生在提高语言能力的同时，也加深了对文化的理解与认同。

文化艺术展览活动为学生提供了一个展示创作作品的平台，促进文化交流与艺术欣赏。学生可以通过参与艺术展览，展示他们在艺术创作中的独特视角与创意。这不仅有助于提升学生的艺术素养，还能激发他们的创造力与想象力。艺术展览还可以成为一个文化交流的平台，学生可以通过观摩他人的作品，借鉴不同的艺术风格与技法，丰富自己的艺术表现力。同时，艺术展览活动也能增强学生的团队合作能力，因为许多艺术作品的创作需要多人的协作与沟通。

社区文化志愿服务活动鼓励学生参与社会服务，增强他们的社会责任感与文化传播能力。这类活动不仅有助于学生了解社区文化，还能培养他们的服务意识与奉献精神。通过参与社区文化志愿服务，学生能够将所学的文化知识应用于实际生活中，增强他们解决实际问题的能力。同时，这种活动也为学生提供了一个与社区居民互动与交流的机会，促进了文化的传播与共享。学生在服务过程中，也能感受到文化对社会发展的重要性，从而增强他们的文化自信与责任感。

跨学科文化交流活动结合了不同专业背景的学生，进行文化主题的探讨与创新。这种活动形式强调学科间的交叉与融合，通过不同学科视角的碰撞，激发学生的创新思维与文化理解能力。学生可以在这种活动中，结合自己的专业知识，探讨文化在不同领域中的应用与发展。这不仅有助于拓宽学生的视野，还能培养他们的跨学科思维能力与协作能力。通过跨学科的文化交流，学生能够更全面地理解文化的复杂性与多样性，提升他们在多元文化环境中的适应能力。

（三）文化元素融合

文化元素融合在职业院校的文化育人活动中扮演着重要角色。它不仅是对传统文化的传承和创新，还是提升学生文化素养和创新能力的有效途径。通过将地方传统文化元素融入活动设计，学生能够在参与过程中加深对本土文化的认同感与归属感。这种认同感不仅是文化自信的体现，也是民族精神的延续。在全球化的背景下，地方文化的独特性和多样性需要通过创新的手段进行有效传播，以增强学生的文化自豪感和文化责任感。

音乐和舞蹈等艺术形式的融合，为文化活动增添了多感官的体验。这种体验不仅提高了参与者的沉浸感和互动性，还能激发学生的艺术创造力和表现力。

艺术形式的多样性使得文化活动更加生动有趣，使学生在参与过程中能够感受到文化的魅力和艺术的感染力。这种多感官的文化体验，有助于培养学生的审美能力和艺术素养，使他们在文化活动中不仅是观众，更是积极的参与者和创造者。

结合现代科技手段，如AR/VR技术，文化展示方式得到了极大的创新。这些技术手段使得文化传播更加具备趣味性与吸引力，能够吸引更多学生的关注和参与。通过虚拟现实技术，学生可以身临其境地体验文化场景，增强对文化的理解和兴趣。这种技术与文化的结合，不仅是文化传播方式的创新，也是对传统文化的现代诠释，使得文化活动更具时代感和科技感。

设计跨学科的文化项目，可以促进不同专业学生之间的合作与文化交流。跨学科的合作使学生能够在不同的文化视角下进行思考，拓宽文化视野。这种合作不仅增强了学生的团队协作能力，还促进了不同学科之间的知识交融。通过文化项目的实施，学生能够在实践中感受到文化的多样性和复杂性，从而提高他们的综合素质和文化理解力。

第二节 创意工作坊与文化沙龙的举办

一、创意工作坊的主题策划与设计

（一）主题选择原则

主题选择是创意工作坊成功的关键。主题应紧密结合学生的兴趣和需求，确保参与者有强烈的参与动机。在新媒体时代，学生的兴趣趋于多元化，选择主题时需充分考虑学生的心理特点和生活背景。例如，现代学生对数字技术、网络文化等方面表现出浓厚的兴趣，因此在设计工作坊时可以围绕这些主题展开，以激发他们的参与热情和探索欲望。

选择具有时代性和前瞻性的主题，反映新媒体时代的文化特点与趋势，是创意工作坊设计的另一个原则。新媒体的快速发展带来了信息传播方式的变革，工作坊主题需紧跟时代潮流，探讨当前社会热点和未来发展方向。这样的主题不仅能吸引学生的注意力，还能培养他们的创新思维和批判性思维能力，使他们在活动中感受到时代脉搏的跳动。

主题需具备实践性，通过动手操作和互动体验增强学习效果。与传统的理论学习不同，创意工作坊强调实践操作，学生通过亲身参与和体验，能够更好地理解和掌握所学知识。这种互动性强的学习方式，不仅提高了学生的动手能力和创新能力，还能增强他们的团队合作意识和沟通交流能力。

结合地方文化特色，增强活动的地域性和文化认同感，是主题选择的又一个重要原则。每个地区都有其独特的文化传统和风俗习惯，将这些元素融入工作坊的主题中，可以增强学生对地方文化的认同感和自豪感。同时，这也为学生提供了一个探索和传承地方文化的平台，促进了文化的多样性和持续性发展。

（二）设计流程步骤

设计创意工作坊的流程需要系统化的步骤，以确保活动的顺利进行和预期目标的达成。明确创意工作坊的目标与预期成果是至关重要的。目标的设定不仅为活动提供了明确的方向，还能确保活动的内容与参与者的需求紧密结合。在新媒体时代，职业院校的文化育人活动需要结合时代特征，突出创新性和实用性。因此，目标的设定要考虑到学生的职业发展需求和社会的文化动态，以便为参与者提供有价值的学习和体验机会。

制订详细的活动计划是成功举办创意工作坊的基础。计划中应包括时间安排、参与人数、材料准备和场地选择等多个方面。时间安排要合理，以确保参与者能够全程参与而不感到疲惫。参与人数的确定要考虑到活动的类型和规模，以保证每位参与者都能得到充分的关注和指导。材料准备要充分，确保活动过程中不会因物资短缺而中断。场地选择则要考虑到活动的性质和参与者的舒适性，提供一个能够激发创造力的环境。

选择合适的导师或讲师是提升工作坊质量的关键。导师或讲师不仅需要具备相关领域的专业知识，还需要拥有丰富的实践经验，以便在活动中提供专业的指导和支持。在新媒体时代，导师的选择还应考虑其对新技术和新媒体工具的掌握程度，这将直接影响到活动的创新性和吸引力。通过邀请行业专家或有实际项目经验的导师，可以为参与者提供更具实战意义的学习体验。

互动环节的设计是提升参与感和趣味性的有效方法。在创意工作坊中，互动不仅可以激发参与者的创造力，还能通过交流与分享促进知识的内化和创新思维的碰撞。设计互动环节时，要考虑参与者的兴趣和需求，提供多样化的互动形式，如小组讨论、案例分析、实践操作等。这些环节不仅能增强活动的趣味性，还能提高参与者的积极性和参与度。

（三）创意元素融入

创意元素在创意工作坊中的融入是激发学生创新思维的重要手段之一。在当今新媒体时代，通过将多媒体艺术元素引入工作坊，学生能够以更具互动性和吸引力的方式探索文化表达的新路径。视频、音频和图像的结合，成为学生表达创意的多元工具，帮助他们在视觉和听觉的双重刺激下，激发更深层次的文化思考和创新灵感。这种多媒体的融合不仅丰富了文化育人的形式，也拓宽了学生的视野，使其能够更全面地理解和表达复杂的文化概念。

在创意工作坊中，虚拟现实（VR）和增强现实（AR）技术的应用，极大地提升了参与者的沉浸感和互动体验。这些技术通过创造一个身临其境的环境，让学生能够在虚拟和现实之间自由穿梭，激发他们的创意灵感。这种沉浸式体验不仅增强了学生的学习兴趣，还培养了他们的创新思维能力和解决问题的能力。通过与虚拟环境的互动，学生可以更直观地理解复杂的文化主题，并在此基础上进行创意表达和创新实践。

跨学科的创意合作是促进多元文化碰撞与创新的有效途径。在创意工作坊中，鼓励不同专业的学生共同参与项目，可以形成多元文化的交汇点。这种跨学科的合作，不仅打破了专业之间的壁垒，也为学生提供了一个交流和碰撞思想的平台。通过不同学科背景的学生之间的互动，他们能够从不同的视角出发，提出创新的解决方案和创意表达方式。这种多元文化的融合，不仅丰富了学生的学习体验，也提升了他们的合作能力和创新能力。

设计开放式的创作空间，是激发学生自主创作能力与想象力的重要策略。通过提供多样化的材料与工具，学生能够在一个自由开放的环境中，充分发挥他们的创造力。在这种环境下，学生可以自由选择和组合不同的创作元素，进行实验和创新。这种开放式的创作空间，不仅激发了学生的想象力，也培养了他们的动手能力和实践能力，使其能够在实践中不断探索和创新。

二、文化沙龙的组织形式与内容选择

（一）组织形式多样性

文化沙龙的组织形式在新媒体时代呈现出多样化的特点。在职业院校中，文化沙龙不仅是文化交流的平台，更是学生文化素养提升的重要载体。通过多种形式的组织，文化沙龙能够满足不同兴趣和需求的参与者，促进文化的多元交流。多样化的组织形式为文化沙龙注入了活力，使其更具吸引力和影响力。通过精心设计的活动形式，文化沙龙能够有效激发参与者的兴趣，增强其参与感和归属感，进而达到文化育人的目的。

主题沙龙是一种围绕特定文化主题组织的讨论活动。这种形式的沙龙通过设定明确的主题，引导参与者围绕该主题分享各自的观点与经验。通过主题沙龙，参与者不仅能够在讨论中碰撞出思想的火花，还能在交流中深入理解不同文化背景下的多元观点。这种形式的沙龙强调开放性和包容性，鼓励参与者在自由的氛围中表达自己的看法，促进思想的碰撞与文化的交流，为职业院校的文化育人提供了一个开放的平台。

专家讲座是文化沙龙中的另一个重要形式。通过邀请文化领域的专家或学者进行专题讲座，沙龙为参与者提供了接触专业知识与见解的机会。这种形式的活动不仅能够提升参与者的文化素养，还能拓宽其认知视野。专家讲座通过深入浅出的讲解，使复杂的文化理论变得易于理解，激发参与者的学习兴趣。讲座后的互动环节，更是为参与者提供了与专家直接交流的机会，增强了沙龙的互动性和参与感。

小组讨论是增强文化沙龙互动性的一种有效形式。通过将参与者分成若干小组，围绕某一文化话题进行深入讨论，小组讨论能够促进参与者之间的交流与合作。在这种形式的沙龙中，参与者不仅是知识的接受者，更是知识的创造者。通过小组成员的共同探讨，参与者能够从多元的视角看待文化问题，学习如何在多样性中求同存异，提升自身的文化理解能力和表达能力。

实践工作坊结合文化主题，通过动手实践活动提升参与者的动手能力与文化理解。这种形式的沙龙通过手工艺制作或创意设计等实践活动，使参与者在动手的过程中加深对文化的理解。实践工作坊强调理论与实践的结合，通过亲身体验，使参与者能够更深刻地感受文化的内涵与魅力。这种形式的活动不仅能够提升参与者的实践能力，还能增强其对文化的认同感和归属感。

（二）内容选择标准

在新媒体时代，职业院校的文化育人活动需要具备灵活性和多样性，以适应不断变化的文化环境。内容选择标准在此背景下显得尤为重要。文化沙龙的内容选择不仅要符合学生的兴趣和需求，还要体现出新媒体时代的文化特点。

文化主题的多样性是首要标准，通过涵盖不同文化背景和形式，吸引更多的参与者。这样的多样性不仅丰富了活动的内容，也为学生提供了多元文化视角，培养他们的全球视野和文化包容性。

参与者的兴趣导向是内容选择的核心原则。内容必须与学生的实际需求和兴趣紧密结合，以提高他们的参与度和积极性。这不仅要求活动组织者对学生群体有深入的了解，还需要不断更新内容，以保持与学生兴趣的同步。通过调查问卷、兴趣小组讨论等方式，获取学生的兴趣数据，确保每次活动的内容都能引起学生的共鸣和参与热情。

实践性内容的设计是提升文化沙龙效果的关键。动手操作不仅能够帮助参与者更好地理解文化内容，还能增强他们的文化认同感。通过实践活动，学生可以将理论知识转化为实际操作，深化对文化的理解。这种体验式学习方式在新媒体时代尤为重要，因为它能够更好地满足学生对互动性和体验感的需求，提升文化育人的实际效果。

跨学科的文化交流是促进不同专业学生合作与思想碰撞的重要途径。新媒体时代的文化沙龙不应局限于单一学科，而应鼓励不同专业的学生参与，通过跨学科的合作，激发创新思维和多元化的解决方案。这样的交流不仅能够拓宽学生的知识面，还能培养他们的团队合作能力和跨学科沟通能力，为未来的职业发展奠定坚实的基础。

（三）文化主题策划

在新媒体时代，职业院校的文化育人活动需要不断创新，以适应快速变化的社会需求。其中，文化沙龙的组织形式与内容选择是关键环节。文化主题策划作为文化沙龙的核心，不仅需要具备创意，还需与学生的兴趣和社会发展相契合。一个成功的文化主题策划，能够引导学生深入理解文化内涵，增强其文化认同感与归属感。通过精心设计的主题活动，学生可以在参与中体验文化魅力，从而在潜移默化中提升自身的文化素养。

结合地方文化特色进行主题策划，是增强学生文化认同感与归属感的重要方式。地方文化承载着独特的历史与人文内涵，通过将其融入文化沙龙的主题中，学生不仅可以加深对本土文化的理解，还能在活动中找到自己的文化根基。例如，利用地方传统工艺、民俗节庆等元素设计活动，学生在参与过程中，不仅能够体验地方文化的独特魅力，还能在活动中建立起对家乡的深厚情感。这种文化认同感的建立，有助于学生在全球化背景下保持文化自信。

围绕新媒体技术展开的文化主题，激发了学生对现代文化传播方式的兴趣。在信息技术飞速发展的今天，新媒体已成为文化传播的重要载体。通过引入新媒体技术，如虚拟现实、增强现实等，设计文化沙龙的主题，不仅能够吸引学生的注意力，还能让他们在互动中体验到现代科技对文化传播的影响。这样的活动设计，不仅拓宽了学生对文化传播的视野，还激发了他们对新媒体技术的探索欲望，激励他们在未来的学习和工作中，积极运用新媒体技术进行创新。

跨学科合作的文化主题设计，促进了不同专业学生之间的思想交流与创新。职业院校的学生来自不同的专业背景，他们在文化沙龙中通过跨学科合作，可以碰撞出新的思想火花。设计跨学科的文化主题活动，如结合艺术与科技、历史与现代等元素，不仅丰富了活动的内容，还为学生提供了一个多元化的交流平台。在这样的活动中，学生可以打破专业壁垒，进行深度的思想交流，从而激发创新思维，提高综合素质。

注重实践与互动的文化主题，提升了学生的动手能力与参与感。文化沙龙不仅是一个学习的平台，更是一个实践的舞台。通过设计实践性强、互动性高的文化主题活动，如手工制作、现场表演等，学生可以在动手实践中加深对文化的理解。这种参与式的活动形式，不仅增强了学生的动手能力，还提高了他们的参与感和积极性。实践与互动的结合，使得文化沙龙成为学生展示自我、提升综合能力的重要途径。

三、参与者互动与交流机制

（一）互动形式设计

在职业院校的文化育人活动中，互动形式的设计至关重要。互动形式设计除了活动安排，还要通过精心策划的环节来激发参与者的兴趣与热情。在新媒体时代，传统的互动形式需要与时俱进，融入更多的趣味性和创新性，以适应年青一代的需求。例如，设计互动游戏环节，通过趣味性和竞争性增强参与者的积极性与参与感。这不仅能提升活动的吸引力，还能在轻松愉悦的氛围中促进文化的传递与交流。互动游戏可以是文化知识竞赛、角色扮演等，通过这些活动，参与者可以在娱乐中学习，增强对文化的理解与认同。

组织小组合作项目是另一种有效的互动形式。通过团队合作，参与者可以分享各自的观点与创意，促进文化交流。在小组合作中，每位参与者都有机会发表自己的看法，倾听他人的意见，从而在互动中碰撞出思想的火花。这种形式不仅能提高参与者的合作能力，还能在多元文化的背景下，培养他们的包容性与开放性。小组合作项目可以结合实际案例分析，让参与者在解决问题的过程中，深入理解文化育人的内涵与意义。

文化主题辩论赛是激发参与者思考与表达能力的有效方式。在辩论赛中，参与者需要就某一文化主题展开讨论，提出论点并进行论证，这一过程不仅锻炼了他们的逻辑思维能力，还增强了他们的文化认同感。辩论赛的主题可以涵盖历史背景、国内外差异等，通过对这些主题的深入探讨，参与者能够更好地理解文化的多样性与复杂性。同时，辩论赛也为参与者提供了一个展示自我的平台，鼓励他们勇于表达自己的观点与立场。

利用社交媒体平台进行活动直播是扩大参与者互动范围的重要手段。在新媒体时代，社交媒体已成为信息传播的重要渠道，通过直播，活动的影响力可以得到极大提升。参与者不仅可以在现场互动，还能通过直播与线上观众进行交流，分享活动的精彩瞬间。直播过程中，还可以结合实时互动问答，增强观众的参与感与互动性。这种形式不仅能扩大活动的受众范围，还能在更广泛的层面上提升文化育人的效果。

（二）交流平台搭建

在新媒体时代，职业院校的文化育人活动设计中，交流平台的搭建是促进参与者互动与交流的关键环节。交流平台不仅是信息传递的载体，更是思想碰撞与文化交流的桥梁。通过搭建多元化的线上论坛，参与者可以自由地讨论和分享各自的见解与经验。这种开放的交流环境，鼓励了不同文化背景和专业领域的参与者之间的深度对话，促进了多元文化的交融与创新思维的激发。在这样的平台上，文化的传播不再是单向的，而是通过互动实现了双向甚至多向的交流。

社交媒体群组的创建在增强参与者互动方面发挥了重要作用。利用即时通信工具，参与者可以随时随地分享活动信息和文化资源，形成一种实时的互动体验。这种即时性不仅提高了参与者的参与积极性，还使得文化育人活动的信息传递更加高效。通过社交媒体，参与者可以快速获取活动的最新动态，参与者之间的交流也变得更加便捷和频繁。这种互动机制，不仅丰富了参与者的文化体验，还在无形中提升了他们的文化素养和认知水平。

移动应用的开发为文化育人活动提供了一个集成化的平台。通过移动应用，参与者可以方便地获取活动信息、进行交流互动，并提交反馈意见。这样的应用不仅提升了用户的体验，也提高了活动的参与度和影响力。移动应用的开发，使得文化育人活动的组织者能够更好地收集参与者的反馈，从而不断优化活动设计和内容。这种基于用户体验的设计理念，体现了新媒体时代信息技术与文化教育的深度融合。

定期组织线上文化分享会，为参与者提供了一个与专家实时互动的机会。在这些分享会上，专家通过深入浅出的讲解，帮助参与者提升文化素养和认知。这种实时互动的形式，不仅增强了参与者的学习兴趣，也促进了知识的有效传播。通过专家与参与者之间的对话，文化育人活动的内容得到了进一步的深化和拓展。参与者在这样的环境中，不仅能够获取知识，更能在互动中形成自己的文化理解和观点。

（三）反馈机制设置

在新媒体时代，职业院校的文化育人活动中，反馈机制的设置至关重要。反馈机制设置不仅是活动质量提升的关键环节，也是促进参与者积极参与和互动的重要手段。反馈机制设置的核心在于建立一个系统化的反馈渠道，使参与者能够便捷地表达他们的意见和建议。这一机制的建立，不仅有助于活动组织者了解活动的实际效果，还能为后续活动的改进提供科学依据。

建立参与者满意度调查问卷是反馈机制设置的首要步骤。通过问卷，活动组织者可以收集参与者对活动内容、形式和组织的反馈。这些反馈信息能够帮助识别活动中的优点与不足之处，为后续活动的优化提供数据支持。问卷设计应当注重全面性和针对性，以便准确捕捉参与者的真实体验和需求。这种数据驱动的方式，有助于提升活动的整体质量和参与者的满意度。

定期召开反馈交流会是反馈机制的另一重要组成部分。这些交流会为参与者提供了一个分享体验和提出建议的平台，促进了双向沟通与理解。通过面对面的交流，活动组织者可以更深入地了解参与者的需求和期望，同时也能及时解答参与者的疑问。交流会的互动形式有助于拉近组织者与参与者之间的距离，增强活动的亲和力和参与者的归属感。

实施反馈数据分析机制是反馈机制设置的必要环节。通过系统整理和分析参与者的意见，可以识别出活动中存在的共性问题和改进方向。这种分析不仅帮助活动组织者有针对性地进行调整和优化，还能为未来活动的设计提供参考依据。数据分析的结果应当及时反馈给参与者，以体现组织者对参与者意见的重视和尊重。

为了激励参与者积极提供意见，设置反馈奖励机制是一个有效的策略。通过给予小礼品或参与优先权等方式，可以鼓励更多的参与者主动分享他们的想法。这种激励机制不仅能提高反馈的数量和质量，还能增强参与者的积极性和参与感。奖励机制的设计应当考虑公平性和多样性，以满足不同参与者的需求。

第三节 校园媒体平台的自主运营与管理

一、校园媒体平台的内容策划与编辑

（一）内容主题选择

内容主题选择在校园媒体平台的运营中扮演着至关重要的角色。选择合适的内容主题不仅能够吸引学生的注意力，还能有效传播职业院校的文化理念。职业院校应结合自身的办学特色和学生的兴趣爱好，选择贴近学生生活和学习的主题，以增强学生的参与感和认同感。通过对主题的精心策划，校园媒体能够在潜移默化中影响学生的价值观和行为习惯，进而实现文化育人的目标。

校园文化活动的多样性与创新性是内容主题选择的重要考量因素。在新媒体时代，传统的文化活动形式已不能满足学生的多元化需求。职业院校应积极探索多样化的活动形式，如线上线下结合的文化节、主题讲座、艺术展览等，以丰富校园文化生活。同时，创新性的活动设计能够激发学生的创造力和想象力，促进他们在参与中实现自我价值的提升。通过多样化和创新性的文化活动，职业院校不仅能够提升自身的文化影响力，还能增强学生的校园归属感。

新媒体技术在校园文化传播中的应用为内容主题选择提供了新的可能性。随着技术的不断发展，虚拟现实、增强现实等新兴技术逐渐被应用于校园文化活动中。这些技术不仅能够提高活动的趣味性和互动性，还能够为学生提供沉浸式的文化体验。职业院校应积极利用新媒体技术，探索全新的文化传播方式，以提升文化活动的吸引力和影响力。在此过程中，技术的应用应始终服务于文化育人的目标，确保其在提升传播效果的同时，不偏离育人方向。

学生参与校园媒体平台的动机与影响因素是内容主题选择中需要重点关注的方面。学生的参与动机往往与个人兴趣、社交需求、职业发展等因素密切相关。职业院校应通过调查研究，深入了解学生的需求和期望，以此为基础进行内容策划。同时，学校可以通过激励机制，如学分奖励、实习机会等，鼓励学生积极参与媒体平台的运营与管理。通过对参与动机的深入分析，职业院校能够更好地设计出符合学生需求的内容主题，从而提升平台的活跃度和影响力。

校园媒体内容的互动性与参与感设计是提升学生参与积极性的关键所在。在内容策划过程中，职业院校应注重设计能够激发学生互动和参与的内容形式，如在线讨论、投票、留言板等。这些互动形式不仅能够增强学生的参与感，还能促进他们之间的交流与合作。在设计互动内容时，职业院校应确保内容的教育性和趣味性相结合，以实现文化育人的目标。同时，通过数据分析，学校能够及时了解学生的反馈和需求，进一步优化内容策划。

（二）编辑流程优化

编辑流程优化在校园媒体平台的运营中扮演着至关重要的角色。优化编辑流程不仅能提高工作效率，还能确保内容质量的稳定性。通过系统化的编辑流程，各个环节的工作任务和职责得以明确分配，减少了编辑过程中的重复劳动和错误发生的可能性。在新媒体时代，职业院校需要通过优化编辑流程，以便更迅速地响应学生和社会的需求，保持平台的活力和吸引力。通过合理的流程设计，编辑团队能够在紧凑的时间框架内，完成高质量的内容创作和发布。

内容选题的多样化是吸引广泛参与者的重要策略。职业院校的学生来自不同的文化背景，拥有多样的兴趣爱好，因此，内容选题需涵盖广泛的文化主题和学生兴趣，以便吸引不同群体的关注。在策划过程中，编辑团队应注重选题的创新性和多样性，结合时下热点和学生需求，推出具有吸引力和教育意义的内容。这不仅能提高学生的参与度，还能增强他们对校园文化的认同感和归属感，促进校园文化的传播和发展。

时间表的制定是提高编辑效率的关键措施。明确的时间表可以帮助编辑团队合理分配时间和资源，确保每个阶段的工作任务按时完成。制定时间表时，应充分考虑内容创作、审核、发布等各个环节的时长和复杂性，合理安排工作进度和截止日期。通过科学的时间管理，编辑团队能够更高效地完成任务，避免因时间不足而导致的质量下降或延迟发布问题，从而提升整体的编辑效率和内容质量。

建立内容审核机制是确保发布文章符合学校文化和教育目标的必要步骤。审核机制不仅是对内容质量的把关，也是维护平台形象的重要手段。通过严格的审核流程，确保每篇文章在发布前经过专业的审查，符合学校的价值观和教育目标，避免不当内容的传播。审核机制的建立，有助于维护平台的公信力和专业性，提高读者对平台内容的信任度和认可度。

互动反馈环节的设计旨在增强读者的互动感和归属感。通过设计合理的互动环节，鼓励读者对平台内容进行评论和建议，编辑团队能够更好地了解读者的需求和意见。互动不仅能提高读者的参与感，还能为内容创作提供宝贵的反馈和灵感，促进内容的持续改进和优化。通过互动反馈，平台能够建立与读者的良性互动关系，增强平台的活力和影响力。

（三）多媒体内容整合

在新媒体时代，职业院校的文化育人活动需要充分发挥校园媒体平台的作用，而多媒体内容整合则是其中的核心环节。多媒体内容整合不仅涉及不同媒体形式的有机结合，更需要在内容策划与编辑中体现出多样性与创新性。通过有效整合视频、音频、图文等多种形式，校园媒体可以更生动地呈现信息，增强信息的传递效率与吸引力。这种整合不仅丰富了校园媒体的表现手法，还为学生提供了多角度、多层次的文化体验，促进他们在信息化环境中的全面发展。

多媒体内容的跨平台发布策略在新媒体时代显得尤为重要。为了确保校园媒体内容在不同社交媒体和校园平台上实现最大覆盖与传播效果，必须制定科学的跨平台发布策略。通过分析各个平台的用户特征和使用习惯，可以精准地选择发布内容的时间和形式，从而提高内容的曝光率和影响力。此外，跨平台发布也要求内容在不同平台上保持一致性和连贯性，以确保受众在不同平台上获得统一的信息体验。这种策略不仅能扩大校园文化的传播范围，还能提升学校的品牌形象。

在多媒体内容整合中，利用视频、音频和图文等多种形式是提高信息传递效率与吸引力的有效手段。视频内容可以通过生动的画面和声音传递复杂的信息，使受众更容易理解和接受；音频内容则可以在碎片化时间中传播知识，方便学生在不同场景下获取信息；图文内容能够通过精美的设计和简洁的文字传达核心观点，增强视觉冲击力。通过多种形式的结合，不仅可以丰富校园媒体的内容层次，还能满足不同受众的需求，提升信息的传播效果。

设计互动性强的多媒体内容，如在线投票和实时问答，是增强学生参与感与互动体验的重要方式。这类内容不仅能激发学生的兴趣和好奇心，还能通过互动环节促进学生之间的交流与合作。在设计互动内容时，需要结合学生的兴趣点和关注热点，以提高参与度和互动效果。此外，互动性内容还可以通过实时反馈机制，收集学生的意见和建议，为校园媒体的内容策划提供参考，进一步提高内容的针对性和实用性。

整合学生创作的多媒体作品，并鼓励其在校园媒体平台上展示，是促进文化交流与自我表达的重要途径。通过提供展示平台，学生可以将自己的作品与他人分享，获得反馈和认可，从而增强自信心和创造力。学校可以定期举办多媒体作品展示活动，鼓励学生积极参与，在交流中提升自身的文化素养和表达能力。这种做法不仅有利于营造积极向上的校园文化氛围，还能激发学生的创新潜能，推动校园文化的多元化发展。

二、校园媒体平台的技术支持与维护

(一) 系统架构设计

系统架构设计在校园媒体平台的建设中起着至关重要的作用。校园媒体平台的系统架构应具备高可用性，高可用性设计的核心在于通过冗余机制、负载均衡等技术手段，避免因系统崩溃而导致的信息传播中断。这对于新媒体时代的职业院校至关重要，因为信息的及时、稳定发布直接影响师生的沟通和互动。通过高可用性的设计，校园媒体平台不仅能够提供持续的服务，还能够在技术层面上为文化育人活动的顺利开展提供有力支持。

平台的多媒体支持能力是吸引学生参与的重要因素。校园媒体平台应支持多种内容格式的上传与展示，包括文字、图片、视频和音频。这种多样化的媒体表现形式能够更好地满足学生多元化的需求，激发他们的参与热情和创造力。多媒体内容不仅丰富了平台的表现力，也为文化育人活动提供了更广阔的展示空间，使得活动内容更具吸引力和感染力。在设计过程中，确保系统能够高效处理和展示多媒体内容，是提升平台吸引力的重要策略。

用户界面的友好性直接影响用户的使用体验和参与度。设计用户友好的界面，优化导航流程，使用户能够轻松找到所需内容，是提升用户体验的关键。界面设计应遵循简洁、直观的原则，避免复杂的操作步骤，使用户在使用过程中感到舒适和愉悦。通过优化用户界面，不仅可以提升用户的操作效率，还能增强用户对平台的黏性，进而促进文化育人活动的有效开展。

权限管理系统的建立是保障平台安全性与管理效率的重要手段。完善的权限管理系统能够确保不同用户角色（如管理员、编辑、普通用户）具有相应的访问权限，防止未经授权的操作对平台造成损害。在权限管理中，应根据用户的角色和职责分配相应的权限，以保障平台的安全性和管理效率。这不仅有助于维护平台的正常运行，还能在一定程度上提升用户的安全感和信任度，从而支持文化育人活动的顺利进行。

（二）技术故障排查

技术故障排查在校园媒体平台的运营中扮演着至关重要的角色。为了确保平台的各项功能能够正常运行，建立定期的系统检查机制是必不可少的。通过定期检查，可以及时发现潜在故障，避免因小问题累积而引发更大的系统崩溃。定期检查不仅能够维护平台的稳定性，还能够通过对系统的全面检测，提前识别可能出现的技术问题，从而进行预防性维护，保障平台的持续高效运行。

在技术故障发生时，制定详细的故障应急预案显得尤为重要。应急预案需要明确故障处理的流程和责任分工，以确保在故障发生时能够迅速响应和处理。通过明确的流程指导，技术团队可以在最短的时间内恢复系统的正常运行，减少故障对用户体验的负面影响。此外，责任分工的明确有助于提高团队的协作效率，避免因职责不清而导致的处理延误。

用户反馈和数据分析是识别常见故障类型的重要手段。通过分析用户的反馈信息和平台的数据日志，可以发现系统中存在的共性问题，并以此为依据优化系统设计，从根源上减少故障。这种基于数据的分析方法，不仅提高了故障排查的准确性，还为系统的持续优化提供了科学依据，帮助技术团队更好地理解用户需求和系统瓶颈。

技术支持团队的培训是提高故障排查和处理能力的关键。通过定期的专业培训，技术支持人员可以不断更新自己的知识储备和提高技能水平，以适应快速变化的技术环境。培训内容应包括最新的技术发展趋势、故障排查技巧以及用户沟通策略，以确保技术团队能够快速、准确地解决用户遇到的问题，从而提升平台的用户满意度。

（三）数据备份与恢复

在新媒体时代，数据备份与恢复是校园媒体平台运营管理中的关键环节。数据的安全存储不仅关系平台的正常运作，也直接影响用户信息的安全性。定期进行数据备份是确保平台内容和用户信息安全存储的重要措施。通过定期备份，可以有效防止因系统崩溃或意外事件而导致的数据丢失。同时，备份策略需要考虑到平台的实际需求和数据的重要性，以便在发生数据丢失时能够迅速恢复，保障平台的连续性和稳定性。

建立多层次的数据备份策略是提升数据恢复灵活性与可靠性的有效手段。具体来说，校园媒体平台应当同时进行本地备份与云端备份。通过本地备份，可以快速恢复因小范围故障而导致的数据丢失，而云端备份则提供了更高的安全性和恢复能力。这样的多层次备份策略不仅提高了数据恢复的效率，也增强了平台在面对各种突发情况时的应对能力。此外，选择合适的备份工具和服务提供商也是至关重要的，以确保备份过程的可靠性和安全性。

制定详细的数据恢复流程是数据备份策略中的重要组成部分。明确恢复操作的步骤和责任人可以在数据丢失时快速响应，减少因数据丢失而带来的影响。数据恢复流程应包括数据丢失的识别、备份数据的调取、数据恢复的具体操作步骤以及恢复后的验证等环节。责任人需要具备相应的技术能力和应变能力，以确保恢复过程的顺利进行。同时，数据恢复流程的制定还应考虑到不同类型数据的恢复需求，确保所有数据都能在最短时间内恢复。

定期测试数据恢复方案是确保在实际情况下能够有效恢复数据的重要措施。通过模拟数据丢失场景，测试现有的数据恢复方案，可以发现潜在的问题和不足之处，并及时进行调整和优化。这样的测试不仅可以提高数据恢复方案的有效性，也可以帮助技术人员熟悉恢复流程，提升应急响应能力。避免因未测试的方案而导致恢复失败，是保障平台数据安全的重要一步。

三、校园媒体平台的用户互动与反馈机制

（一）用户评论管理

用户评论管理在校园媒体平台的运营中扮演着至关重要的角色。为了维护校园文化和平台规范，建立用户评论审核机制是必不可少的。通过这一机制，平台能够确保发布的评论内容符合学校的价值观与行为准则，从而维护一个健康、积极的讨论氛围。这不仅有助于减少不当言论的传播，也能提升平台的公信力和用户满意度。审核机制的有效实施需要技术支持和管理人员的密切配合，以便及时处理大量的评论信息。

在用户评论管理中，设置评论分类功能是提升用户体验的重要手段。通过对评论进行分类，参与者能够快速找到自己感兴趣的讨论主题，提升信息获取的效率。分类功能的实现需要考虑评论的多样性和用户的需求，合理的分类标准可以帮助用户更好地参与讨论，增加平台的活跃度。同时，这一功能也能帮助管理人员更好地监控评论内容的走向，及时发现并解决潜在的问题。

为了促进高质量评论的展示与传播，引入用户评分系统是一个有效的策略。用户可以对评论内容进行评分，通过评分系统，优质的评论能够获得更多的关注和传播机会。这不仅能够激励用户提供更有价值的评论，也能够帮助其他用户快速识别和获取有用的信息。评分系统的设计需要考虑公平性和用户体验，确保其能够真实反映评论的质量和受欢迎程度。

定期组织用户反馈活动是持续优化评论管理策略的重要手段。通过收集用户对评论管理的意见与建议，平台可以不断调整和改进管理方式，以更好地满足用户的需求。反馈活动的组织需要充分考虑用户的参与意愿和反馈内容的多样性，确保所收集的信息具有代表性和实际指导意义。这一过程不仅能够增强用户的参与感，也能够帮助平台建立一个更加开放和互动的社区环境。

（二）互动活动设计

在新媒体时代，职业院校的文化育人活动设计需要充分考虑校园媒体平台的用户互动与反馈机制，以实现更有效的文化传播和育人效果。互动活动设计是其中的关键环节，通过精心策划的活动，能够激发参与者的兴趣与积极性，促进文化交流与学习。在这一过程中，设计主题相关的互动游戏是一个重要的策略。通过游戏的形式，可以使参与者在轻松愉悦的氛围中进行文化学习。这种方式不仅能够激发参与者的好奇心和探索欲，还能在潜移默化中增强他们对文化的理解和认同。

文化知识竞赛是另一种有效的互动活动设计形式。通过组织有趣的问答竞赛，不仅能够提升参与者的文化素养，还能培养他们的团队合作能力。在竞赛过程中，参与者需要快速反应和密切合作，这不仅锻炼了他们的思维能力，也增强了团队凝聚力。此外，竞赛的形式还可以激发参与者的竞争意识和求知欲，使他们在参与活动的过程中自然而然地提升文化素养。

线上线下结合的互动活动，如直播讨论会，能够有效增强参与者的互动体验与反馈机制。线上平台具有便利性，参与者可以随时随地参与讨论和交流，打破了传统活动的时间和空间限制。而线下活动则可以提供面对面的交流机会，增强参与者之间的情感联系。这样的结合不仅丰富了活动的形式，也提高了活动的参与度和反馈效果，帮助职业院校更好地实现文化育人的目标。

文化主题辩论赛是激发参与者表达观点的重要活动形式。通过辩论，参与者能够锻炼自己的思维能力和语言表达能力，同时也能在辩论过程中加深对文化主题的理解和认同。在辩论赛中，参与者需要通过逻辑分析和有力论证来支持自己的观点，这不仅提高了他们的思辨能力，也增强了他们对多元文化的包容和认同感。

四、校园媒体平台的品牌建设与推广

（一）品牌形象定位

校园媒体平台的品牌形象定位是其成功运营的基石。品牌形象不仅仅是一个标志或口号，它承载着平台的核心价值观和使命宣言。职业院校在新媒体时代塑造品牌形象时，应深刻理解其在教育生态中的独特定位，明确其在文化育人中的角色。品牌形象的定位需要结合学校的办学理念、教育目标以及学生的需求，确保其能够在众多教育平台中脱颖而出。通过精准的品牌形象定位，校园媒体平台能够在竞争激烈的媒体环境中建立起独特的识别度和信任感，为后续的品牌推广奠定坚实的基础。

品牌形象的核心价值观与使命宣言是品牌建设的灵魂。职业院校的校园媒体平台在新媒体时代需明确其核心价值观，以此指导其内容生产和运营策略。核心价值观不仅影响平台的长远发展方向，还决定了平台在文化育人中的具体实践路径。与此同时，使命宣言则是对外界传达的平台承诺，它不仅需要体现职业院校的教育使命，还应反映出平台在促进学生全面发展、服务社会等方面的责任。在品牌建设过程中，核心价值观与使命宣言的清晰表达，能够增强品牌的凝聚力和感召力，吸引更多的用户和支持者。

品牌视觉元素的统一性与辨识度在品牌形象中扮演着重要角色。视觉元素包括标志、色彩、字体等，这些元素的设计必须体现品牌的核心价值观和文化内涵。统一的视觉元素有助于在用户心中建立起清晰的品牌印象，提高品牌的辨识度。职业院校在设计校园媒体平台的视觉元素时，应注重与学校整体形象的协调，同时突出平台自身的特色。通过一系列视觉元素的统一设计，品牌能够在不同的传播渠道中保持一致性和连贯性，从而增强用户的品牌记忆。

品牌传播渠道的多样化与精准定位是品牌推广策略中的关键环节。在新媒体时代，职业院校的校园媒体平台应充分利用各种传播渠道，如社交媒体、视频平台、博客等，以扩大品牌的影响力。多样化的传播渠道能够覆盖不同的受众群体，提高品牌的曝光率。然而，传播渠道的选择必须结合品牌的定位和目标受众的特点，确保传播的精准性。通过精准定位，品牌能够在合适的时间和场景中与目标受众进行有效互动，提高传播的效果和效率。

品牌故事与文化内涵的深度挖掘是品牌建设中的重要策略。职业院校的校园媒体平台应通过讲述品牌故事，传递品牌的文化内涵和价值观。品牌故事不仅能够增强品牌的情感吸引力，还能帮助用户更好地理解品牌的使命和愿景。通过深度挖掘品牌故事，平台可以展现其在文化育人中的独特贡献和影响力。品牌故事的讲述应注重真实性和感染力，以引发用户的共鸣和认同，从而增强品牌的忠诚度和影响力。

（二）社交媒体推广

在新媒体时代，社交媒体推广已成为职业院校文化育人活动的重要组成部分。社交媒体的广泛使用为校园文化的传播提供了便利和创新的途径。通过社交媒体平台，职业院校可以更有效地传递文化信息，吸引年轻受众的关注和参与。利用短视频平台进行活动宣传，能够以生动的方式展示校园活动的亮点，吸引学生的兴趣。短视频的视觉冲击力和便捷性，使其成为吸引年青一代的有效工具。通过这些平台，学校可以在短时间内广泛传播活动信息，增加受众的参与度和互动性。

实时互动是社交媒体推广的另一个重要策略。在活动期间，通过社交媒体平台进行实时互动，可以增强参与者的参与感和归属感。学校可以利用直播、评论、投票等功能，与学生进行即时沟通，收集反馈意见。这种互动不仅提高了活动的趣味性，也让参与者感受到自己是校园文化的一部分，从而增强他们的文化认同感。通过这种方式，学校能够更好地了解学生的需求和兴趣，及时调整活动内容和形式，以提高活动的吸引力和影响力。

设计主题相关的社交媒体挑战活动是激发学生创意和文化体验的有效手段。通过这些挑战活动，学生可以分享自己的创意和文化体验，增加参与的趣味性和互动性。这不仅能够鼓励学生积极参与，还能够促进他们对校园文化的理解和认同。挑战活动的设计应结合学生的兴趣和时下流行的文化元素，以吸引更多学生的参与。通过这种方式，学校可以在社交媒体上形成良好的互动氛围，增强校园文化的传播效果。

建立社交媒体社群是促进参与者之间交流与合作的重要策略。这些社群可以为学生提供一个分享经验和观点的平台，增强他们的文化认同感。通过社群，学生可以相互交流、学习和合作，形成积极的校园文化氛围。学校可以通过组织线上讨论、分享会等活动，促进社群成员之间的互动和合作，增强他们对校园文化的认同感和归属感。这种社群的建立，不仅有助于文化的传播，也为学生提供了一个展示自我和提升能力的平台。

参考文献

[1] 林育秀. 高校文化育人体系构建研究 [M]. 北京：中国纺织出版社，2023.

[2] 别睿. 新时代高校校园文化育人研究 [M]. 哈尔滨：哈尔滨工程大学出版社，2023.

[3] 刘佳. 高校多元协同文化育人模式研究 [M]. 长春：吉林出版集团股份有限公司，2023.

[4] 彭玉京，黄韬. 文化自信与文化育人：新时代高职院校文化育人路径研究 [M]. 长沙：湖南大学出版社，2023.

[5] 周莹. 新时期高校文化育人的创新与实践 [M]. 济南：山东文艺出版社，2022.

[6] 刘永亮. 高职院校文化育人的理论与实践探索 [M]. 北京：北京理工大学出版社，2022.

[7] 朱建军. 高校文化育人探索研究 [M]. 长春：吉林出版集团股份有限公司，2020.

[8] 郑立元，曹亮. 文化育人视域下对大国工匠培养路径研究 [M]. 北京：中国建材工业出版社，2024.

[9] 文斌. 新时代高校文化育人价值意蕴与体系建构研究 [M]. 北京：中国纺织出版社，2022.

[10] 韦国潭. 高等职业学校全员全过程全方位育人"浙旅探索" [M]. 北京：旅游教育出版社，2023.

[11] 汤伟群，陈海娜，周志德. 技工院校"大思政"育人体系构建与实践探索 [M]. 成都：西南交通大学出版社，2022.

[12] 陈仕俊，陈军强. 润物无声 风化于成"三全育人"的校本探索与实践 [M]. 杭州：浙江工商大学出版社，2022.

[13] 吴奕，金丽馥. 新时代高校文化育人理论与实践 [M]. 镇江：江苏大学出版社，2021.

[14] 曾剑，肖明胜. 高职院校多元协同文化育人模式研究 [M]. 长春：吉林出版集团股份有限公司，2023.

[15] 郭凤鸣，颜志勇，张敏. 高职院校文化育人模式研究与实践 [M]. 长春：吉林人民出版社，2021.